# Ausgrenzung ausdrücklich erwünscht!

## Wie gesellschaftliche Differenz und Macht durch Sprache konstruiert werden

eine bildungswissenschaftliche Analyse
von M. D. Schuster

M. D. Schuster
Jahrgang 1976, Dipl. f. Bild. K. und BA Bildungswissenschaft.
Literarische und bildungswissenschaftliche Publikationen. Kurse und Vorträge in Schulen, Universitäten, Kulturvereinen und Museen. Ausstellungen in Deutschland, Frankreich und China.
www.mdschuster.de                                             www.die-skulptur.de


© M. D. Schuster, 2015.
Herstellung und Verlag: BoD - Books On Demand, Norderstedt
ISBN: 9783734752445

# Inhaltsverzeichnis

| | Seite |
|---|---|
| 1 Vorgehen und Formalia | 1 |
| 2 Definitionen und Erläuterungen | 3 |
|    2.1 Definition Sprache – mündliche Sprache und Schriftsprache | 3 |
|    2.2 Definition gendergerechte Sprache | 3 |
|    2.3 Erläuterungen zu generischen und nicht-generischen Sprachformen im Deutschen | 4 |
|    2.4 Definition Gesellschaft | 5 |
|    2.5 Definitionen Ethnie/n und ethnische Minderheiten | 5 |
| 3 Sprache als soziales Handeln | 6 |
|    3.1 Pierre Bourdieu: Strukturen sozialer Gruppen, Produktion und Reproduktion legitimer Sprache | 6 |
|    3.2 Ursula Weber: Sprache als Funktion sozialen Handelns und als Medium der Widerspiegelung soziokultureller Systeme | 8 |
|    3.3 Luise Pusch: Struktur der Sprachen als Männergeschichte und Männerstruktur | 9 |
| 4 Macht und Machtausübung im Kontext sozialer Gruppen | 11 |
|    4.1 Michel Foucault: Machtbeziehungen, Disziplinargesellschaft und Selbstüberwachung, Macht/Wissen-Beziehungen | 11 |
|    4.2 Erving Goffman: Selbst, Selbstdarstellung, Interaktion und Gesellschaft | 14 |
|    4.3 Judith Butler: Anerkennungsnormen und Geschlechtsidentität im gesellschaftlichen Kontext | 16 |
| 5 Untersuchungsgegenstand: Soziale Konstruktion von Differenz und Macht durch Sprache | 18 |
|    5.1 Sprache und Geschlecht – öffentliche Kontroverse über den Gebrauch der ‚richtigen' Sprachform | 18 |
|       5.1.1 Kontroverse über die Grundordnung der Universität Leipzig | 18 |
|       5.1.2 Kontroverse über den Neuentwurf der ÖNORM A 1080 des Austrian Standards Institute | 20 |
|    5.2 Sprache und Darstellungen von sozial benachteiligten Gruppen | 23 |
|       5.2.1 Darstellungen von Gruppen mit materieller Hilfsbedürftigkeit und ihre Folgen | 23 |
|       5.2.2 Darstellungen von Menschen mit Migrationshintergrund und ihre Folgen | 28 |
| 6 Öffentliche Sprache als soziale Handlungsebene und als Spiegel gesellschaftlicher Machtpositionen | 31 |
|    6.1 Ringen um die Definitionshoheit über Sprachnormen – genderbezogene und heteronormative Perspektiven | 31 |
|    6.2 Soziale Positionierung und Machterhalt privilegierter Gruppen durch Sprache – Gruppenkonstruktionen, Ausgrenzungsstrategien und kollektive Handlungsbeschränkungen | 36 |
| 7 Bildungswissenschaftliche Schlussbetrachtungen und Ausblick | 40 |
|    Literatur- und Quellenverzeichnis | 45 |

**Abbildungsverzeichnis:**

Seite

Abb.1: Alternative Sprachformen im Überblick.(Damm, Hanauer et al. 2014, S.17).     4

Abb.2: § 4 Landesgleichstellungsgesetz NRW. (Ministerium für Inneres und Kommunales des Landes Nordrhein-Westfalen 2014).     41

# 1 Vorgehen und Formalia

Sprachliche Äußerungen werden oftmals, auch in der Öffentlichkeit, als reine Sachinformationen verstanden, die ein Ausklammern sozialer Aspekte rechtfertigen würde. Sprache als soziales Handeln sowie sich durch Sprache ausdrückende und manifestierende Machtaspekte werden häufig nicht wahrgenommen oder negiert. Die vorliegende bildungswissenschaftliche Abhandlung geht dem Thema ‚Soziale Konstruktion von Differenz und Macht durch Sprache' und hier anhand der Betrachtung gezielter Eingriffe und Eingriffsversuche in den öffentlichen Sprachgebrauch der Frage nach, inwiefern öffentlich verwendete Sprache relevant für gesellschaftliches Handeln ist. Vor bildungswissenschaftlichem Hintergrund wird analysiert, aus welchen Gründen Eingriffe initiiert wurden, warum sie teilweise Ablehnung provozierten und warum dies teilweise ausgeblieben ist sowie welche Folgen sie haben bzw. haben können. Es soll erkennbar werden, dass ein Ausklammern von sozialen und Machtaspekten bei der Verwendung öffentlich verwendeter Sprache nicht möglich ist, weshalb eine erhöhte Sensibilität sowohl bei öffentlich Sprechenden als auch bei denen, an die sie sich richten, notwendig ist.

Hierfür werden nach der Darlegung von Definitionen und Erläuterungen, auf denen diese Arbeit aufbaut, die Themenkomplexe ‚Sprache als soziales Handeln' sowie ‚Macht und Machtausübung im Kontext sozialer Gruppen' behandelt.

‚Sprache als soziales Handeln' wird anhand von Pierre Bourdieus (2005) Analysen zu Strukturen sozialer Gruppen, insbesondere zur Produktion und Reproduktion legitimer Sprache, betrachtet; anhand von Ursula Webers (2001) Betrachtung zu Sprache als Funktion sozialen Handelns und als Medium der Widerspiegelung soziokultureller Systeme sowie anhand von Luise Puschs (1984 und 1990) Abhandlungen zu Struktur der Sprachen als Männergeschichte und Männerstruktur.

Der Themenkomplex ‚Macht und Machtausübung im Kontext sozialer Gruppen' stützt sich auf die Arbeiten von Michel Foucault (1994, 1999 und 2005) zu Machtbeziehungen, Disziplinargesellschaft, Selbstüberwachung und Macht/Wissen-Beziehungen; auf die von Erving Goffman (2003) zu Selbst, Selbstdarstellung, Interaktion und Gesellschaft sowie auf die von Judith Butler (1991 und 2003) zu Anerkennungsnormen und Geschlechtsidentität im gesellschaftlichen Kontext.

Es folgt die Darstellung des in zwei Punkte mit jeweils zwei Teilaspekten gegliederten Untersuchungsgegenstandes ‚Soziale Konstruktion von Differenz und Macht durch Sprache': Der erste Punkt, ‚Sprache und Geschlecht – öffentliche Kontroverse über den Gebrauch der ‚richtigen' Sprachform', gliedert sich in die Aspekte ‚Kontroverse über die Grundordnung der Universität Leipzig' und ‚Kontroverse über den Neuentwurf der ÖNORM A 1080 des Austrian Standards

Institute'. Der zweite Punkt, ‚Sprache und Darstellungen von sozial benachteiligten Gruppen', betrachtet ‚Darstellungen von Gruppen mit materieller Hilfsbedürftigkeit und ihre Folgen' sowie ‚Darstellungen von Menschen mit Migrationshintergrund und ihre Folgen'.

Die Analyse widmet sich ‚Öffentlicher Sprache als soziale Handlungsebene und als Spiegel gesellschaftlicher Machtpositionen'. Auch sie geht gegliedert vor; ein Unterpunkt beleuchtet das ‚Ringen um die Definitionshoheit über Sprachnormen – genderbezogene und heteronormative Perspektiven', der andere ‚Soziale Positionierung und Macherhalt privilegierter Gruppen durch Sprache – Gruppenkonstruktionen, Ausgrenzungsstrategien und kollektive Handlungsbeschränkungen'. Aufgrund der starken Verflechtung und der Schnittmengen der jeweiligen Teilaspekte werden sie im Fall des ersten Punktes teilweise und beim zweiten Punkt schwerpunktmäßig gemeinsam analysiert.

Bildungswissenschaftliche Schussbetrachtungen und Ausblick befassen sich mit der Frage, wie den betrachteten Phänomenen auf Grundlage der Analyse begegnet werden kann. Ferner sollen Perspektiven gesellschaftlichen Wandels durch öffentliches Sprachhandeln aufgezeigt werden.

Um Verwechslungen mit Zitaten zu vermeiden und keine Mischformen von Anführungsstrichen und Anführungspfeilen zu verwenden, werden eigene Hervorhebungen in diesem Text mit einfachen (halben) Anführungsstrichen markiert: ‚Text'.

Da sich diese Arbeit mit der Gerechtigkeit von Sprache befasst, soll noch erwähnt werden, dass es in ihr zu Brüchen einheitlicher Sprache bzw. zu ‚Disharmonien' im Lesefluss kommt, etwa wenn wörtliche bzw. in wörtlicher Übersetzung wiedergegebene Zitate im generischen Maskulinum auftauchen, im Text der Arbeit aber Partizipalformen verwendet werden. Gendergerechter Sprache wurde hier der Vorzug vor Leseharmonie gegeben.

## 2 Definitionen und Erläuterungen

### 2.1 Definition Sprache – mündliche Sprache und Schriftsprache

Einen Versuch zu unternehmen, Sprache als komplexes Phänomen menschlicher (und nicht-menschlicher) Verständigung umfassend zu definieren, wäre im Rahmen dieser Arbeit unangemessen. Fokussiert wird hier hingegen, angelehnt an die Brockhaus Enzyklopädie (2006), Sprache als inhaltsvermittelnde Kommunikationsform einer menschlichen Gemeinschaft verstanden, wobei gesprochene bzw. mündliche Sprache und Schriftsprache als schriftlich verwendete Sprachform herausgegriffen werden; beide Sprachformen stehen in wechselseitiger Beziehung zueinander und dienen als Werkzeuge des Denkens. (vgl. Brockhaus Enzyklopädie 2006, S.7 und S.464). Nonverbale Aspekte wie etwa die gesamte Bandbreite haptischer, sensorischer und paralinguistischer Kommunikation werden in dieser Arbeit nicht berücksichtigt. (vgl. Engel & Dobbin 2007, S.22f.). Zu den Unterschieden zwischen gesprochener und Schriftsprache bemerkt Weber (2001):

> „Durch die größere räumliche und zeitliche Distanz" zwischen den Vorgängen „des Schreibens und des Lesens [...] verliert Schriftsprache an Aktualität und gewinnt gleichzeitig an Distanz, Verbindlichkeit und Allgemeingültigkeit. Dadurch, dass nichtsprachliche [gemeint sind nonverbale] Elemente in geschriebenen Äußerungen explizit werden müssen, dadurch, dass in die Kommunikation eingehende Bedeutungszusätze näher erläutert und kommentiert werden müssen, ist geschriebene Sprache weniger anfällig für Missverständnisse und Fehlinterpretationen." (Weber 2001, S.32).

Diese Arbeit befasst sich mit öffentlich in mündlicher Form gebrauchter und danach schriftlich festgehaltener Sprache sowie mit öffentlich verwendeter Schriftsprache. Beides wird unter den Begriffen ‚öffentliche Sprache' bzw. ‚öffentlich verwendete Sprache' zusammengefasst.

### 2.2 Definition gendergerechte Sprache

Geschlechtergerechte/ gendergerechte Sprache bzw. „Geschlechtersensible [...] Formulierung bedeutet, Sprache so zu verwenden und einzusetzen, dass alle Geschlechter oder Identitäten gleichermaßen sichtbar und wertschätzend angesprochen werden" (Gäckle 2014 a), sie erhebt den Anspruch, auch „zur Vermeidung von Missverständnissen bei[zutragen]" (Gäckle 2014 b, S.4), was sie durch Eindeutigkeit, Repräsentation aller Geschlechter und durch den Einsatz einer nicht diskriminierenden Sprache umzusetzen versucht. (vgl. ebd., S.6). Bei der Verwendung gendergerechter Sprache dominieren im öffentlichen Sprachgebrauch derzeit zwei Strategien: Neutralisieren des Geschlechts, indem es „unsichtbar" gemacht wird, und Sichtbarmachen des Geschlechts durch Aufzeigen der „Vielfalt der Geschlechter". (ebd.).

## 2.3 Erläuterungen zu generischen und nicht-generischen Sprachformen im Deutschen

Neben dem traditionellen generischen Maskulinum, der ausschließlich männlichen Bezeichnung für alle Gemeinten, sind – meist in dem Bemühen, gerechtere Sprachvarianten zu entwickeln –, im Lauf der vergangenen Jahrzehnte verschiedene Sprachformen entstanden, so z.B. die Doppelnennung oder Zwei-Genderung und das Binnen-I, der Statische Unterstrich (auch: Gender-Gap) und der Dynamische Unterstrich (vgl. Abb.1) oder Schrägstrich- und Klammerformen, z.B. in ‚Student/in' und ‚Student(in)' (vgl. Damm, Hanauer et al. 2014, S.38f.), um nur einige zu nennen. Auch ausweichende, kein Geschlecht bezeichnende Formulierungen werden in dem Versuch gewählt, sprachliche Diskriminierungen zu vermeiden (vgl. Gäckle 2014 b, S.12), ein Beispiel wäre etwa: ‚Alle sind eingeladen.'

| Sprachformen | Substantive Singular | Substantive Plural | Personal-pronomen | Possessiv-pronomen | Frage-pronomen |
|---|---|---|---|---|---|
| x-Form | Studierx | Studierxs | x | xs | Wex? |
| *-Form I | Studier* | Studier** | * |  | We*? |
| Dynamischer Unterstrich | Stu_dentin | Stu_dentinnen | s_ier | ih_re | We_lche? |
| Wortstamm-Unterstrich | Stud_entin | Stud_entinnen | si_er | ihr_e | Welch_e? |
| *-Form II | Student*in | Student*innen | sie*er | ihre*seine | Welche*r? |
| Statischer Unterstrich | Student_in | Student_innen | sie_er | ihre_seine | Welche_r? |
| Generisches Femininum | Studentin | Studentinnen | sie | ihre | Welche? |
| a-Form | Mitarbeita | Mitarbeitas | sie | ihre | Welche? |
| Binnen-I | StudentIn | StudentInnen | sie | ihre<br>ihrE | Welche?<br>WelchE? |
| Zwei-Genderung | Studentin und Student | Studentinnen und Studenten | sie/er, si/er | ihre/seine | Welche?/Wer? |

Abb.1: Alternative Sprachformen im Überblick. (Damm, Hanauer et al. 2014, S.17).

Das generische Femininum, die Verwendung ausschließlich weiblicher Formen für Personen, wird gewöhnlich provokativ benutzt und soll für die Irritation bestehender Sprachmuster sorgen. Üblicherweise wird von denen, die es verwenden, nicht der Anspruch erhoben, es den Kategorien ‚gendergerechte Sprache' oder ‚antidiskriminierende Sprache' (vgl. Damm, Hanauer et al. 2014, S.25) zuzuordnen, die auch behinderte und aufgrund ihrer Hautfarbe benachteiligte Menschen sichtbar machen will. Eine Ausnahme bildet hier die AG Feministisch Sprachhandeln der Humboldt-Universität zu Berlin, die das generische Femini-

num, entfernt an die Argumentation von Luise Pusch anknüpfend (vgl. Kap. 3.3, vgl. Pusch 1990, S.94 -101), als Versuch des Ausgleichs geschlechtsspezifischer Benachteiligung unter „Formen antidiskriminierender Sprache" (Damm, Hanauer et al. 2014, S.27) auflistet.
Nicht-generische Sprachformen sind beispielsweise Partizipalformen, etwa in ‚Studierende' (ebd., S.38) sowie die relativ jungen Varianten *-Form I und x-Form. (vgl. Abb.1). Ihnen ist gemein, dass sie keine Parallelen zu anatomischen Geschlechtern ziehen, sie damit, einer der beiden Strategien gendergerechter Sprache folgend, unsichtbar machen, und so eine größere Bandbreite an Identitäten ansprechen können.

## 2.4 Definition Gesellschaft

Diese Arbeit folgt in ihrem Verständnis der Vorstellung von Gesellschaft als der einer Sprachgemeinschaft:

> „Größere soziale Gruppen, welche unter ähnlichen ökonomischen und politischen Bedingungen existieren und zugleich eine gemeinsame Sprache sprechen, können [...] als ‚Sprachgemeinschaft' bezeichnet werden. [...] Die Übereinstimmung der Begriffe ‚Sprachgemeinschaft' und ‚Gesellschaft' enthält die Annahme, dass Sprache und soziales Handeln und umgekehrt sprachliches Handeln und soziale Wirklichkeit einander bedingen." (Weber 2001, S.7f.).

## 2.5 Definitionen Ethnie/n und ethnische Minderheiten

Unter Ethnie wird eine Wir-Gruppe verstanden,

> „die tatsächliche oder fiktive Gemeinsamkeiten behauptet (Max Weber: Gemeinsamkeitsglaube). Häufig behauptete Gemeinsamkeiten sind: Abstammung (‚Rasse'), Sprache, Kultur, Geschichte, Sitten. Innerhalb der Wir-Gruppe wird Homogenität unterstellt und Konformität erwartet (Max Weber: Solidaritätszumutungen)". (Hansen 1995, S.198).
> „Ethnische Gruppen/Ethnien sind familienübergreifende und familienerfassende Gruppen, die sich selbst eine (u. U. auch exklusive) kollektive Identität zusprechen. Dabei sind die Zuschreibungskriterien, die die Außengrenze setzen, wandelbar." (Elwert 1989, S.447, zitiert nach Hansen 1995, S.198).

Ethnische Minderheiten werden definiert als

> „die innerhalb eines Systems ethnischer Schichtung benachteiligten, unterdrückten, diskriminierten und stigmatisierten ethnischen Gruppen. Nach den Entstehungsbedingungen ihrer Lage, nach unterschiedlichen sozialstrukturellen Stellungen und politischen Orientierungen lassen sich folgende Typen ethnischer Minderheiten unterscheiden: nationale und regionale Minderheiten, Einwandererminderheiten, kolonisierte Minderheiten und neue nationale Minderheiten." (Heckmann 1992, S.56-58, zitiert nach Hansen 2007, S.71).

## 3 Sprache als soziales Handeln

### 3.1 Pierre Bourdieu: Strukturen sozialer Gruppen, Produktion und Reproduktion legitimer Sprache

Aus Pierre Bourdieus (2005) soziokultureller Klassentheorie wird in dieser Arbeit auf die zentralen Begriffe Kapital, soziales Feld und Habitus Bezug genommen und auf Beispiele öffentlicher Debatten über die Verwendung ‚richtiger' Sprachformen bezogen.

Kapital benennt die Ressourcen, die Individuen innerhalb einer Gesellschaft zur Verfügung stehen, um ihre Interessen zu wahren und ihre Ziele durchzusetzen. In der Hauptsache unterscheidet Bourdieu soziales, ökonomisches, symbolisches und kulturelles Kapital, von denen in dieser Arbeit die drei Letzten betrachtet werden; Kapitalarten sind ineinander transformierbar. (vgl. Schwingel 2003, S.88-94).

Ökonomisches Kapital bezeichnet „die verschiedenen Formen des materiellen Reichtums", wobei es „in Gesellschaften mit ausdifferenzierter Marktökonomie [...] direkt in Geld umtauschbar" und damit dort von besonderer Bedeutung ist. (ebd., S.88). Symbolisches Kapital, das über die Kriterien der Hervorhebung und Anerkennung wirksam ist, wird als den übrigen Kapitalarten übergeordnet verstanden. Es macht das Ansehen einer Person und ihre soziale Position anderen erkennbar und wird von ihnen anerkannt. (vgl. ebd., S.92-94). Kulturelles Kapital kann objektiviert vorlegen, etwa in Form von Gegenständen mit kulturellem Prestigewert; institutionalisiert, z.B. als Bildungstitel; oder inkorporiert, also verinnerlicht und damit als Bestandteil der Person. (vgl. ebd., S.88-91). Selbst verwendete Sprache, in gesprochener wie in geschriebener Form, ist inkorporiertes kulturelles Kapital und wird, da sie verinnerlicht ist, zum Bestandteil des Habitus. Der Habitus einer Person bedeutet zum einen die erworbene Inkorporation von äußeren Sozialstrukturen (vgl. ebd., S.76) und markiert zum anderen den „sozialer Leib" (ebd., S.77), womit er auch als Erkennungsmedium dient: Am Habitus ist erkennbar, welches Verhalten einem gesellschaftlichen Individuum versperrt oder gestattet ist (vgl. ebd., S.70), er macht die soziale Position des Individuums ablesbar.

Das in dieser Arbeit betrachtete soziale Feld ist die Handlungsebene der öffentlichen Sprache, wo sie in gesprochener Form oder als Verschriftlichung in öffentlichen Medien verwendet wird. Habitus einer Person und soziales Feld befinden sich im Austausch; sie beeinflussen sich gegenseitig und bedingen einander, was als „Dialektik von Habitus und Feld" (ebd., S.77) begriffen werden kann.

Bourdieu (2005) kommt in seinen Überlegungen zu „Produktion und Reproduktion der legitimen Sprache" (Bourdieu 2005, S.47) zu dem Schluss:

„Jede symbolische Herrschaft setzt von Seiten der Beherrschten ein gewisses Einverständnis voraus, das keine passive Unterwerfung unter einen Zwang von außen, aber auch keine freie Übernahme von Wertvorstellungen darstellt. Die Anerkennung der Legitimität der offiziellen Sprache hat mit einem freiwilligen und widerrufbaren Glaubensbekenntnis ebenso wenig zu tun wie mit einem bewussten Akt der Anerkennung der ‚Norm'." Sie sei hingegen über „Aneignung über die Sanktionen des Sprachmarktes [z.B. durch das Bildungssystem] unmerklich eingeübt worden" (ebd., S.56 und S.67f.)

und kann somit als Folge wie als Reproduktion sprachlicher Machtverhältnisse verstanden werden. Bezugnehmend auf John L. Austins (1986) Sprechakttheorie versteht Bourdieu (2005) Sprachgebrauch als von der sozialen Position der Sprechenden abhängig. Ebenso wie nicht jedem Individuum innerhalb einer Gruppe jede sonstige Handlung zugestanden werde, werde ihm nicht jede Sprachhandlung gestattet. Im Fall der Sprachhandlung geht Bourdieu davon aus, dass die Macht der Sprache identisch mit der delegierten Macht der Sprechenden ist. (vgl. Bourdieu 2005, S.101-103). Bourdieu (2005) zitiert ein Beispiel Austins (1986), das eine nicht autorisierte Schiffstaufe thematisiert:

„Nehmen Sie etwa an, ich sehe ein Schiff vor dem Stapellauf, gehe hin, schmettere die Flasche dagegen, die am Rumpf hängt, verkünde: ‚Ich taufe dieses Schiff auf den Namen ‚Stalin' und schlage, um das Maß vollzumachen, die Keile weg; das Dumme ist bloß: Ich war nicht für die Taufe bestimmt." (Austin 1986, S.44f.).

Das Schiff kann nach Austin (1986) in diesem Fall nicht als getauft angesehen werden. (vgl. ebd., S.45). Parallel wird von Bourdieu (2005) für eine Sprachhandlung angenommen, dass es Sprechenden nicht möglich ist, die mit einer Sprachhandlung angestrebten Folgen zu bewirken, wenn ihre soziale Umgebung dies nicht zulässt:

„Der autorisierte Sprecher kann nur deshalb mit Worten auf andere Akteure [...] einwirken, weil in seinem Wort das symbolische Kapital konzentriert ist, das von der Gruppe akkumuliert wurde, die ihm Vollmacht gegeben hat". (Bourdieu 2005, S.103).

Fehlt diese Vollmacht aufgrund der sozialen Position, in der sowohl der Habitus einer Person als auch die Akzeptanz ihrer Position seitens der Umgebung wirksam sind, bleibt die angestrebte Wirkung der Sprachhandlung aus. Somit ist Sprache auch elementarer Bestandteil symbolischen Kapitals.

## 3.2 Ursula Weber: Sprache als Funktion sozialen Handelns und als Medium der Widerspiegelung soziokultureller Systeme

Obwohl die Sprachwissenschaftlerin Ursula Weber (2001) in ihrer soziolinguistischen Analyse gesellschaftlicher Schichtung durch Sprache soziale Schichten im Blick hat, sind ihre Ergebnisse zum Statusverhalten durch Sprache generell auf das Sprachverhalten von privilegierten und nicht-privilegierten Gruppen übertragbar.

In der hochurbanisierten Gesellschaft, die laut Weber (2001) „in allen Teilen des modernen Europas und in den Vereinigten Staaten" (Weber 2001, S.11) zu finden ist, werde die

> „Standardsprache von der Mehrheit beherrscht. Dabei gilt eine soziallegitimierte Sprachtreue, d.h. die Standardsprache wird als Maßstab dafür angesehen, wann eine sprachliche Äußerung korrekt ist oder nicht. Sie unterliegt also standardsprachlichen Bewertungen, sog. Sprachnormen." (ebd.). Diese dienten primär den Interessen der Privilegierten: „Gemessen wird die Verfügbarkeit von Sprache an dem, was für die herrschende Gesellschaftsschicht als Norm gilt und von ihr sowohl akzeptiert als auch kontrolliert wird." (ebd., S.40).

Sprachlich Privilegierte erwürben über Sprache, die nach ihren Interessen gestaltet sei und die sie daher erfolgreicher verwenden könnten als Nicht-Privilegierte, noch mehr Privilegien; Nicht-Privilegierten hingegen bleibe der

> „Zugang zu Privilegien verschiedenster Art verwehrt. Für den gesellschaftlichen Zusammenhang gilt daher, dass Individuen der privilegierten Schicht über mehr und bessere Sprache verfügen als Mitglieder der weniger privilegierter Schichten." (ebd.).

Über das Modell sozialer Schichtung hinausgehend, können diese Ergebnisse so verstanden werden und kommen in dieser Arbeit dahingehend zur Anwendung, dass privilegierte Gruppen die sprachlichen Normen einer Gesellschaft so definieren, dass sie für sie selbst den größtmöglichen und für nicht-privilegierte Gruppen den geringsten Nutzen haben.

Daher kann davon ausgegangen werden, dass es im Interesse privilegierter Gruppen ist, an Sprachnormen keinerlei Änderungen zuzulassen, die ihre gesellschaftliche Position gefährden. Hingegen liegt es generell im Interesse nicht-privilegierter Gruppen, Sprachnormen zu hinterfragen und zu verändern, insbesondere bezogen auf die eigene gesellschaftliche Position.

## 3.3 Luise Pusch: Struktur der Sprachen als Männergeschichte und Männerstruktur[1]

Luise Pusch (1984 und 1990) analysiert als eine Hauptvertreterin der deutschsprachigen Feministischen Linguistik das Deutsche als männlich geprägte und Männer begünstigende Sprache, deren „Regularien [...] nicht linguistisch, sondern [...] machtpolitisch motiviert" seien. (Pusch 1990, S.89).
Pusch (1984) konstatiert, dass das generische Maskulinum, also beispielsweise die Bezeichnung ‚der Angestellte' für Männer und Frauen,

> „im Deutschen [...] bei Personenbezeichnungen geschlechtsspezifizierende Funktion [hat], sei diese nun redundant (der Mann) oder nicht (der Angestellte)." (Pusch 1984, S.60). „[...] Sprachregelung sorgt dafür, dass die Bezeichnungen für Bestimmt-Menschen (Männer) wahlweise Vielleicht-Menschen (Frauen) einschließen können." (ebd., S.17).

Dem generischen Femininum hingegen, also etwa ‚die Angestellte', komme „eine ausschließlich geschlechtsspezifizierende Funktion" (Pusch 1990, S.88) zu, es diene also der besonderen Betonung des Weiblichen. Folglich könne das Weibliche nicht wie das Männliche auch stellvertretend für das Allgemeine stehen.
Zudem stellt Pusch (1990) fest, dass „nicht zuletzt dank einer nur scheinbar harmlosen Grammatikregel, die aus beliebig vielen Frauen Männer macht, sowie ein einziger Mann hinzukommt" (ebd., S.86), eine Beeinflussung des Denkens zugunsten von Männern und zuungunsten von Frauen stattfinde: „Männer werden immer richtig eingeordnet, Frauen nicht"; Frauen seien, wenn sie im generischen Maskulinum „mitgemeint" (ebd., S.100) seien, „nicht mehr auffindbar, verschwinden in der Männerschublade"; in den Köpfen der Lesenden tauchten nur Männer auf, selbst wenn in Wirklichkeit überwiegend Frauen gemeint seien. (ebd., 85f.). Die Botschaft laute: „Frauen sind nicht der Rede wert." (ebd., S.86 ); Frauen und ihre Leistungen würden so „unsichtbar gemacht". (ebd., S.89).
Um der durch Nicht-Nennung hervorgerufenen Asymmetrie entgegenzuwirken, sind sprachliche Änderungen nötig. Pusch (1990) warnt davor, einfach Strategien für gendergerechtes Formulieren aus dem Englischen auf Genus-Sprachen zu übertragen. Wo z.B. im Englischen auf „a doctor, a student" etc. „he" oder „she" bzw. „s/he" (ebd., S.88) folgen könnten, sei dies auf das Deutsche nicht übertragbar, da es, im Gegensatz zum Englischen, einen grammatischen Genus be-

---

[1] Anmerkung: Pusch verwendet in den zitierten Texten viele Kursiv-Schreibungen, die den Lesefluss in ihrem Sinne beeinflussen, in dieser Ausarbeitung aber – auch aufgrund der komprimierten Darstellung durch Zitation – eher irritierend wirken würden und daher nicht übernommen wurden.

sitzt. (vgl. ebd.). So kann etwa ein Angestellter in grammatisch korrekter Form keine ‚sie' sein. Ein bekanntes Beispiel hierfür liefert die Weigerung der damaligen Bundesministerin für Jugend, Familie, Frauen und Gesundheit in den 1980er-Jahren, Rita Süssmuth, den folgenden Wortlaut einer Verordnung zu unterschreiben: „Wenn der Arzt im Praktikum schwanger wird..." (zitiert nach Fußwinkel 2009, S.18).

Pusch (1984) verweist bezugnehmend auf sprachliche Änderungen hin zu einer gendergerechten Sprache auf die Interessen derer, die von der aktuellen Sprache begünstigt würden:

> „Die Crux [einer patriarchal organisierten Sprache] ist immer die, dass bei solchen Alternativen die ‚männliche Seite des Problems' unangetastet bleibt oder bleiben soll." (Pusch 1984, S.17). Und weiter: „Nur wenn die Situation der Männer gleichzeitig mit geändert wird, ist eine gerechte Lösung für Frauen möglich. Auf die (deutsche) Sprache übertragen bedeutet das: Nur wenn die Bezeichnungen für Männer gleichzeitig mit geändert werden, ergeben sich gleiche sprachliche Chancen für Frauen und Männer." (ebd., S.48).

Obwohl ihre Ausführungen dazu bereits über 30 Jahre alt sind und trotz starker Verbesserungen im deutschsprachigen Raum in Richtung gendergerechter Sprache, insbesondere im schriftlichen Sprachgebrauch, ist die grundsätzliche Asymmetrie heute keinesfalls behoben. Pusch hat mehrere unterschiedliche Vorschläge vorgelegt, über sprachliche Änderungen einen gesellschaftlichen Wandel des Denkens hin zu Geschlechtergerechtigkeit zu vollziehen. Provokant und aufsehenerregend war ihr Vorschlag des Gebrauchs des generischen Femininums. (vgl. Pusch 1990, S.94 -101). Pusch war bewusst, dass dies eine neue, aber ebenso ungerechte Behandlung von Männern durch Sprache darstellen würde wie die bisherige von Frauen, was sie zum einen als „kompensatorische Gerechtigkeit" (ebd., S.100) fordert; zum anderen stellt sie fest:

> „....dann bleibt uns eigentlich nur die dialektisch motivierte, indirekte/paradoxe Strategie, über das Ziel hinauszuschießen, um es zu treffen. [...] [Um der] männliche[n] Angst vor dem Verlust der männlichen Identität (durch Feminisierung) [...] zu entgehen [...], wird er [, der Mann,] möglicherweise zur Kooperation bei der Entwicklung einer für beide Geschlechter gerechten und bequemen Sprache bereit sein." (ebd., S.96).

Puschs Ergebnisse finden in dieser Arbeit bei der Analyse öffentlicher Diskussionen um die Definitionshoheit über genderbezogene Sprachnormen Verwendung.

# 4 Macht und Machtausübung im Kontext sozialer Gruppen

## 4.1 Michel Foucault: Machtbeziehungen, Disziplinargesellschaft und Selbstüberwachung, Macht/Wissen-Beziehungen

Aus dem Werk des Soziologen und Philosophen Michel Foucault (1994, 1999 und 2005) werden hier die Aspekte Macht und Machtbeziehung/ Machtverhältnis sowie Disziplinargesellschaft und Selbstüberwachung herausgegriffen. Ferner wird die Einschätzung Foucaults zum Verhältnis von Machtbeziehungen und Wissensgewinnung betrachtet. Es sollen Zusammenhänge von Machtbeziehungen zwischen einzelnem Subjekt und sozialer Umgebung verdeutlicht werden, insbesondere die Grenzen individueller Lösungsprozesse aus gesellschaftlichen Machtstrukturen.

Foucault (1999) zufolge bezeichnet der Begriff „‚Macht' […] Verhältnisse zwischen ‚Partnern'" als „ein Ensemble von Handlungen, die sich gegenseitig hervorrufen und beantworten". (Foucault 1999, S.188). Foucault betont die Notwendigkeit der Unterscheidung von „Machtverhältnisse[n], Kommunikationsbeziehungen und sachliche[n] Fähigkeiten". (ebd.). Sachliche Fähigkeiten sicherten Produktivität bzw. den Erwerb von Fähigkeiten, die mit Produktivität verknüpft seien, und seien eng an die Kommunikation gebunden, die sich auf sie beziehe. Kommunikationsbeziehungen übermittelten „durch eine Sprache, ein Zeichensystem oder jedes andere symbolische Medium" Informationen. (ebd.).

In Abgrenzung zu einem Gewaltverhältnis ist nach Foucault „das, was ein Machtverhältnis definiert, eine Handlungsweise, die nicht direkt und unmittelbar auf die anderen einwirkt, sondern [...] auf deren Handeln." (ebd., S.192). Während ein Gewaltverhältnis auf den Körper einwirke und ausschließlich Passivität zum Ziel habe, baue ein Machtverhältnis auf zwei Elementen auf: Das „Subjekt" (ebd., S.166) – das gesellschaftliche Individuum, auf das eingewirkt wird – bleibe erhalten, und vor dem Machtverhältnis eröffne sich eine komplexe Vielzahl von Möglichkeiten seines Fortbestandes. (vgl. ebd., S.192). Im Gegensatz zu Subjekten eines Gewaltverhältnisses, das „alle Möglichkeiten [ausschließe]" (ebd.), ermögliche die Machtbeziehung Subjekten und erfordere von ihnen aktive Beteiligung; sie biete „Anreize", erleichtere oder erschwere Handlungsmöglichkeiten, erhöhe oder senke Wahrscheinlichkeit von Handlungen, „und im Grenzfall erzwingt oder verhindert sie Handlungen, aber stets richtet sie sich auf handelnde Subjekte, insofern sie handeln oder handeln können. Sie ist auf Handeln gerichtetes Handeln." (Foucault 2005, S.255f.). Das Hauptziel der Machtbeziehung sei die Nutzbarmachung von Kräften der Subjekte, somit eine Produktivität, die die „politische Besetzung des Körpers" voraussetze, wobei der Körper nur dann nutzbar werde, „wenn er sowohl produktiver wie unterworfener Körper ist." (Foucault 1994, S.37). Foucault spricht hier von der „politische[n]

Ökonomie des Körpers". (ebd.). Die für die Nutzbarmachung der Subjekte notwendige gesellschaftliche Ordnung werde mittels eines Systems von Hierarchien, Disziplinarstrafen/ Sanktionen und Belohnungen aufrechterhalten. (vgl. ebd., S.230-238). „Die der Macht eigene Verhältnisweise" ist nach Foucaults (1999) Verständnis nicht in Gewalt, Kampf, Verträgen oder Willen zu suchen, vielmehr auf Seiten „dieser einzigartigen, weder kriegerischen noch juridischen Weise des Handelns: des lenkend einwirkenden Regierens." (Foucault 1999, S.193).
In seiner Analyse von Foucaults Werk kommt Hinrich Fink-Eitel (2002) zu dem Schluss: „Macht ist der *eine* [Hervorhebung im Original] Integrationszusammenhang produktiver Diszipin, der die Subjektivität und Individualität der Menschen nicht unterdrückt, sondern allererst hervorbringt." (Fink-Eitel 2002, S.78). Es bestehe die „Gefahr, daß wir für unsere ureigenste Subjektivität halten, was in Wahrheit Produkt disziplinierender und normalisierender Macht ist." (ebd., S.79).

„Disziplin" versteht Foucault (1994) als einen „Typ[us] von Macht" (Foucault 1994, S.276f.), der sämtliche gesellschaftlichen Bereiche – wie etwa die Judikative, Bildungseinrichtungen, Krankenhäuser oder Familien – durchdringt; die „Disziplinarfunktion der Macht" in einer als „Disziplinargesellschaft" verstandenen Gemeinschaft „gewährleistet eine infinitesimale Verteilung der Machtbeziehungen" (ebd., S.277), also eine Durchdringung der Gesellschaft von Machtbeziehungen bis in ihre kleinsten Abschnitte hinein. Insbesondere die Belohnungen, aber gegebenenfalls auch die Sanktionen gegen andere könnten die eigene Beteiligung für die Subjekte zu einer lohnenden Angelegenheit machen. Innerhalb einer bestehenden Hierarchie im Rang aufzusteigen – oder zumindest nicht abzusteigen –, mag ein Antrieb sein, die Hierarchie nicht zu hinterfragen oder sich an der Unterordnung anderer aktiv zu beteiligen. Subjekte von Machtbeziehungen vermögen also auch, in Komplizenschaft ihrer eigenen Ausnutzung bzw. gegenseitiger Ausgrenzung tätig zu sein, womit sie in diesen Fällen die bestehende Ordnung stabilisieren, mit der sie sich zumindest teilweise identifizieren, sich ihren Regeln unterwerfen und damit die gesellschaftlichen Regeln weiter verinnerlichen. Neben der Fremdüberwachung, die auch in Gewaltbeziehungen zu finden ist, kommt es hier zur Selbstüberwachung.
Fink-Eitel (2002) stellt bezugnehmend auf „die solidarisierende Wirkung moderner moralischer Normen" fest:

> „Das Gewissen ist innere Sanktion. Es verdankt sich einer Verinnerlichung äußerer, gewalttätiger Bestrafung und betätigt sich als Instanz grausamer Selbstbestrafung, sobald sich eine Übertretung der moralischen Normen abzuzeichnen beginnt oder bereits gar geschehen ist." (Fink-Eitel 2002, S.70).

Stabilisierung der bestehenden Ordnung erfolgt somit in Machtbeziehungen unter Beteiligung der Subjekte auf der Grundlage internalisierter Normen, die zu Selbstüberwachung und Selbstdisziplinierung führen.

Wissen außerhalb von Machtbeziehungen zu erlangen, ist nach Foucault (1994) nicht möglich; vielmehr sei

> „anzunehmen, daß die Macht Wissen hervorbringt [...]; daß Macht und Wissen einander unmittelbar einschließen; daß es keine Machtbeziehung gibt, ohne daß sich ein entsprechendes Wissensfeld konstituiert, und kein Wissen, das nicht gleichzeitig Machtbeziehungen voraussetzt und konstituiert." (Foucault 1994, S.39).

Er spricht an dieser Stelle von „Macht/Wissen-Beziehungen", die es einem „Erkenntnissubjekt" nicht erlaubten, unabhängig von ihnen Erkenntnis zu gewinnen. (ebd.). Das Erkenntnissubjekt, das zu erkennende Objekt und die Arten der Erkenntnis blieben systemimmanente Teile „jener fundamentalen Macht/Wissen-Komplexe und ihrer historischen Transformationen", durch die Erkenntnisprozesse und ihre Formen bestimmt würden. (ebd., S.39). Folglich ist es nach Foucault nicht möglich, sich über neues Wissen aus den Machtverhältnissen herauszubewegen; alle Erkenntnisse bleiben systemgebunden. Da Wissen an die herrschenden Machtbeziehungen gekoppelt ist, kann es sich nur in dem Maße verändern, wie es innerhalb der Machtbeziehungen möglich ist. Ein erkennendes Individuum kann Machtverhältnisse, die es dominieren, nicht durch einen singulären losgelösten Erkenntnisprozess verlassen.

Obwohl Foucault in seinen Ausführungen Aspekte wie Autorität und Legitimität oder Führung in Abgrenzung zu Herrschaft nicht differenziert und u.a. damit Widerspruch hervorrief, etwa in Form der sogenannten ‚Foucault-Habermas-Debatte' (vgl. Isenberg 1991, S.1386-1399), kommt ihm dennoch das Verdienst zu, Machtstrukturen und -techniken, die auf gesellschaftliche Subjekte einwirken, erkennbar gemacht zu haben. So zeigt er Grenzen des Subjektes auf und proklamiert damit einen Einspruch gegen die vermeintlich von gesellschaftlichen Rahmenbedingungen mehr oder weniger unabhängige Eigenverantwortung und bei Misslingen auch Schuld gesellschaftlicher Subjekte, die die Individualisierungstendenzen westlicher Gesellschaftsformen ihnen zusprechen. Foucault verdeutlicht hingegen die Verstrickung von Subjekten in und ihre Abhängigkeit von gesellschaftlichen Machtstrukturen und zeigt die Grenzen individueller Bewegungen darin auf.

## 4.2 Erving Goffman: Selbst, Selbstdarstellung, Interaktion und Gesellschaft

Aus dem Werk des Soziologen Erving Goffman (2003) werden für diese Arbeit zentrale Konzepte beleuchtet, die in der Analyse des Untersuchungsgegenstandes in Bezug auf gesellschaftliche Individuen in ihrem sozialen Umfeld und ihre Interaktionen Verwendung finden.

In seiner Publikation ‚Wir alle spielen Theater' vergleicht Goffman interaktive Kommunikationsprozesse mit denen in einem Theater und analysiert Selbstdarstellungen im Alltag, ihre Formen, Entstehungshintergründe und Motive sowie das Zusammenspiel Darstellender mit anderen an der Interaktion Beteiligten. Dabei verwendet er ein „Begriffssystem [..., das] zum Teil der Theaterwelt entlehnt" ist und mit Ausdrücken wie „Darstellern und Zuschauern [...,] Rollen [...,] Vorstellungen [...,] Bühnenbildern und Hinterbühnen" (Goffman 2003, S.232) arbeitet. Er geht damit nicht von „Aspekten des Theaters" aus, „die ins Alltagsleben eindringen" (ebd., S.232 f.), sondern macht anhand von Übertragungen in ein verständliches Vergleichssystem die „Struktur sozialer Begegnungen" (ebd., S.233) sichtbar. Obwohl er von der direkten und unmittelbaren Interaktion der Kommunizierenden ausgeht (vgl. ebd.), die nicht ohne Weiteres auf andere Kommunikationszusammenhänge übertragbar ist, bietet seine Analyse der Struktur sozialer Begegnungen eine Grundlage für das Verständnis auch von Kommunikation mittels öffentlich verwendeter Sprache.

Goffman (2003) zufolge kann „die Struktur unseres Selbst unter dem Gesichtspunkt der Darstellung verstanden werden". (ebd., S.230). Seitens der sozialen Umgebung werde das Selbst eines Individuums „in gewisser Weise gleichgesetzt" mit der gesellschaftlichen „Rolle" (ebd.), die es vor anderen spielt. Dieses „zugeschriebene Selbst" entspringe „nicht seinem Besitzer, sondern der Gesamtszene seiner Handlungen", es sei ein „Produkt einer erfolgreichen Szene und nicht ihre Ursache". (ebd., S.231). Ein „Selbst zu produzieren und zu behaupten", liege nicht bei dem Individuum, sondern „oft in sozialen Institutionen" (ebd.). Identität wird als sozial proklamiertes Konstrukt begriffen; Goffman (2003) zitiert hierzu den Soziologen Robert Ezra Park:

> „Es ist wohl kein historischer Zufall, daß das Wort Person in seiner ursprünglichen Bedeutung eine Maske bezeichnet. [...] In einem gewissen Sinne [...] ist die Maske unser wahreres Selbst: das Selbst, das wir sein möchten. Schließlich wird die Vorstellung unserer Rolle zu unserer zweiten Natur und zu einem integralen Teil unserer Persönlichkeit. Wir kommen als Individuen zur Welt, bauen einen Charakter auf und werden Personen." (Park 1950, S.250, zitiert nach Goffman 2003, S.21).

Die „Rolle", die ein Individuum darstellt, werde durch ein „vorherbestimmte[s] Handlungsmuster [...] während einer Darstellung" definiert (Goffman 2003, S.18). „Darstellung" bezeichne „das Gesamtverhalten eines Einzelnen [...,] das er in Gegenwart einer bestimmten Gruppe von Zuschauern zeigt und das Einfluß auf diese Zuschauer hat." (ebd., S.23). Unter „persönliche[r] Fassade" versteht Goffman (2003) diejenigen „Ausdrucksmittel [...], die wir am stärksten mit dem Darsteller selbst identifizieren und von denen wir erwarten, daß er sie mit sich herumträgt", also neben z.B. Größe und Alter (ebd., S.25) die gesamte Bandbreite des Habitus nach Bourdieu.

Das „Bühnenbild" ist nach Goffman (2003) als „die *szenischen* Komponenten [Hervorhebung im Original] des Ausdrucksrepertoires" (ebd.) der Darstellung zu verstehen; es bietet also einen Teil des äußeren Rahmens der Selbstdarstellung und ist gleichzeitig szenischer Bestandteil derselben. Als „Ensemble" bezeichnet Goffman (2003) „jede Gruppe von Individuen [...], die gemeinsam eine Rolle aufbauen" (ebd., S.75); verschiedene Individuen treten miteinander in „Interaktion" (ebd., S.18), durch die sie wechselseitig Einfluss auf die Handlungen der jeweils anderen nehmen. (vgl. ebd.).

Nach Goffman (2003) haben Störungen in der Darstellung, „wenn ein Ereignis eintritt, das mit dem hervorgerufenen Eindruck unvereinbar ist", Folgen „auf drei verschiedenen Ebenen der sozialen Realität" (ebd., S.221): Persönlichkeit, soziale Interaktion und Gesellschaft. (vgl. ebd.). Wenn die soziale Interaktion in einen Stillstand geraten sei, könne die Situation Definiertheit und Handlungsrichtung für die Darstellenden verlieren, womit eingenommene Positionen unhaltbar werden könnten; „das minutiöse gesellschaftliche System, das durch die geordnete soziale Interaktion geschaffen und aufrechterhalten wurde, ist desorganisiert." (ebd.). „Störungen der Sozialstruktur" (ebd., S.222) könnten dahingehend auftreten, dass Zuschauende das dargestellte Selbst eines Individuums repräsentativ für dessen Ensemble bzw. die von ihm repräsentierte Institution verstehen und bei einer Störung der Darstellung die Legitimität von Ensemble und Institution in Frage gestellt werden könnte. (vgl. ebd., S.221 f.). Schließlich können bei Darstellungsstörungen die „Selbstdarstellungen, auf die eine Persönlichkeit aufgebaut wurde, diskreditiert werden" (ebd., S.222), da Individuen ihre Rollen, die durch sie vertretenen Institutionen und Gruppen meist stark in ihr Selbstbild einbezögen, soziale Interaktion nicht störten und die Sozialeinheit nicht im Stich ließen. (vgl. ebd.). Störungen können als existentiell krisenhaft auftreten, weshalb alle Beteiligten, auch die Zuschauenden, ein Interesse daran hätten und sogar Techniken anwendeten, deren Ziel es sei, das Schauspiel zu retten. (vgl. ebd., S.218).

## 4.3 Judith Butler: Anerkennungsnormen und Geschlechtsidentität im gesellschaftlichen Kontext

Aspekte von Analysen der Philosophin und Philologin Judith Butler (1991 und 2003) werden im Folgenden herausgegriffen, um gesellschaftliche Hintergründe der Bildung von Geschlechtsidentitäten und Dialogstrukturen öffentlicher genderbezogene Diskussionen sowie ihre Schwierigkeiten, insbesondere in Bezug auf Machtstrukturen, zu beleuchten.

Butler (1991) kritisiert die „Produktion von diskreten, asymmetrischen Gegensätzen zwischen ‚weiblich' und ‚männlich', die als expressive Attribute des biologischen ‚Männchen' (*male*) und ‚Weibchen' (*female*) verstanden werden. Die kulturelle Matrix, durch die die geschlechtlich bestimmte Identität (*gender identity*)" erfassbar werde, schließe „die ‚Existenz' bestimmter ‚Identitäten' aus (Butler 1991, S.38 f.), nämlich alle, die sich außerhalb dieser gesellschaftlichen „Zwangsheterosexualität" (ebd., S.39) verorteten, wie etwa „jene, in denen sich die Geschlechtsidentität (*gender*) nicht vom anatomischen Geschlecht (*sex*) herleitet". (ebd.), [alle Hervorhebungen im Original]. Butler (1991) analysiert die Geschlechtsidentität (gender) als kulturell bedingt, im Gegensatz zum anatomischen Geschlecht (sex). (vgl. ebd., S.22f. ).

Butler (1991) geht von performativen Sprechakten aus, die als reale soziale Handlungen mit konkreten Folgen anzusehen sind. Sie versteht Geschlechtsidentität als Produkt einer wiederholten Darstellung, einer performativen Konstruktion, folglich auch einer Selbstkonstruktion im Rahmen des konstruktivistischen Konzepts des „Doing Gender", auch und besonders im Bereich der Sprache (vgl. ebd., S.206). Bedeutet diese Konstruktion Reinszenierung und Wiedererleben eines gesellschaftlich etablierten Bedeutungskomplexes (vgl. ebd.), reproduzierten Individuen gesellschaftliche Normen über Geschlechtsidentität gleichsam als selbstreferenzielle wie als systemreferenzielle Akte. Eine Selbstdefinition über Geschlechtsidentität erfolge dann vor dem Hintergrund normierender Grundlagen und Ansprüche der sozialen Umgebung. Butler (1991) merkt hierzu an:

> „Wir dürfen die Geschlechtsidentität nicht als feste Identität oder als *locus* der Tätigkeit konstruieren, aus dem die verschiedenen Akte hervorgehen. Vielmehr ist sie eine Identität, die durch die *stilisierte Wiederholung der Akte* in der Zeit konstituiert bzw. im Außenraum instituiert wird." (ebd.), [Hervorhebungen im Original].

Bezugnehmend auf Foucaults Analysen stellt Butler fest, „dass jede Beziehung zum Wahrheitsregime zugleich eine Beziehung zu mir selbst ist. Ohne diese reflexive Dimension ist Kritik nicht möglich." (Butler 2003, S.32). Kritik gesellschaftlicher Praxis, Hinterfragung von Normen der Anerkennung und Selbsthinterfragung bedeuteten auch, sich selbst der Gefahr auszusetzen, im gesellschaftlichen Kontext nicht anerkannt zu werden. (ebd., S.33). Zudem führten Normen der Anerkennung zu einer Enteignung durch Sprache, welche die Normen vorgebe, mit denen sprachlich gehandelt werde. Sprachhandelnde müssten sich Anerkennungsnormen unterwerfen, seien gleichzeitig Normen unterworfen, ausführende Organe der Normen und Handlungssubjekte. (vgl. ebd.).

Zur „dialogischen Verständigung" über Machtpositionen, die Männern und Frauen zur Verfügung stehen (Butler 1991, S.34) merkt Butler (1991) an, dass zunächst „die Machtverhältnisse hinterfragt werden" müssten,

> „die Dialogmöglichkeiten bedingen und einschränken. Andernfalls droht das Dialogmodell in ein liberales Schema zurückzufallen, das voraussetzt, dass die Sprecher gleiche Machtpositionen einnehmen und dasselbe Vorverständnis über den Gehalt der [verwendeten] Begriffe [...] mitbringen." (ebd., S.35).

Ferner warnt sie davor, „unkritisch die Strategie" Privilegierter zu kopieren, sich auf einzelne Feindbilder zu konzentrieren, „statt eine andere Begrifflichkeit bereitzustellen" (ebd.1, S.33) und so strukturelle Veränderungen zu ermöglichen. Sie merkt an:

> „Dass diese Taktik in der feministischen und antifeministischen Kritik gleichermaßen greift, deutet darauf hin, daß der kolonisierende Gestus nicht primär oder ausschließlich maskulin ist. Er kann durchaus andere Verhältnisse der Rassen-, Klassen- und heterosexistischen Unterdrückung hervorrufen". (ebd.).

Butlers Analysen werden im Folgenden insofern auf den Untersuchungsgegenstand bezogen, als dass der appellative Aspekt von öffentlicher Sprache als ein Teil gesellschaftlichen Dialogs betrachtet wird, hier im Bereich öffentlicher genderbezogener Diskussionen. Dabei wird von der Grundannahme ausgegangen, dass soziale Realität prozesshaft dynamisch ist und auch durch öffentlichen Dialog bzw. öffentlich verwendete Sprache produziert und reproduziert wird.

# 5 Untersuchungsgegenstand: Soziale Konstruktion von Differenz und Macht durch Sprache

## 5.1 Sprache und Geschlecht – öffentliche Kontroverse über den Gebrauch der ‚richtigen' Sprachform

### 5.1.1 Kontroverse über die Grundordnung der Universität Leipzig

Die am 06.08.2013 in Kraft getretene Grundordnung der Universität Leipzig nennt Personenbezeichnungen ausschließlich im generische Femininum. Eine Fußnote verweist darauf, dass in

> „dieser Ordnung [...] grammatisch feminine Personenbezeichnungen gleichermaßen für Personen männlichen und weiblichen Geschlechts [gelten]. Männer können die Amts- und Funktionsbezeichnungen dieser Ordnung in grammatisch maskuliner Form führen." (Universität Leipzig 2013, S.52/1, Fußnote 1).

Das generische Femininum tritt ausschließlich in der Grundordnung in Erscheinung; andere Schriftstücke der Universität sowie der nicht verschriftliche Sprachalltag bleiben hiervon unberührt.

Im Erweiterten Senat der Universität, in dem rund 60 von 80 Mitgliedern männlich sind, war zuvor darüber diskutiert worden, wie „mit dem Thema geschlechtergerechte Sprache" umzugehen sei (Serrao 2013); die zu diesem Zeitpunkt verwendete Schrägstrichvariante wurde als schwer lesbar kritisiert. Ein Vorschlag, das zuvor gebrauchte generische Maskulinum wieder einzuführen, bei dem „am Anfang eine kleine Fußnote [darauf hinweist], dass die Frauen sich [...] mitgemeint fühlen sollen" (ebd.), wurde verworfen, da an der Universität Leipzig mehr Frauen als Männer tätig sind, primär über eine hohe Zahl an Studentinnen. (vgl. ebd.).

Bereits vor Inkrafttreten der Fassung vom 06.08.2013 provozierte die angekündigte Änderung der Grundordnung ein breites Medienecho. Journalistische Kommentare bezogen sich fast ausschließlich auf die Verwendung des generischen Femininums und seine (möglichen) Folgen. Besondere Beachtung fand die nichtzutreffende Behauptung, Männer müssten künftig an der Universität Leipzig mit „Herr Professorin" angesprochen werden. (vgl. Kreye 2013, Göttert 2013, Haerdle 2013). In Internetforen, in denen anonym persönliche Meinungen zu journalistischen Artikeln geäußert werden können, wurden überwiegend sehr emotionale Debatten geführt, bis hin zu „aggressiven Äußerungen". (Serrao 2013). Die Universität Leipzig sah sich gezwungen, bereits am 06.06.2013, zwei Monate vor Inkrafttreten der Grundordnung, eine Richtigstellung zu veröffentlichen, in der betont wurde, dass sich die Änderungen ausschließlich auf die neue Grundordnung bezögen. (vgl. Heckmann 2013).

Der Gleichstellungsbeauftragte der Universität Leipzig, Georg Teichert, erklärte in einem taz.de-Interview, der Vorschlag zur Rückkehr zum generischen Maskulinum habe zu einer Diskussion geführt, in die der Physiker Professor Käs

> „genervt [...] den nicht ganz ernst gemeinten Antrag eingebracht [habe], dann nur noch die weibliche Form zu verwenden. Der hat dann eine Mehrheit gefunden. [...] Aber das Erstaunlichste war, dass in zwei Folgesitzungen jeweils beantragt wurde, diesen Beschluss rückgängig zu machen, und das wurde abgelehnt. Wir wollen ja Frauen immer sichtbarer machen, das war eines der Argumente." (Oestreich 2013).

Es habe sich nicht um eine ideologische Debatte gehandelt, der Entscheidung habe „eher Pragmatismus als Ideologie" (ebd.) zugrunde gelegen. Zur Kritik an der Änderung merkt Teichert an,

> „dieser bloße symbolische Akt" wirke scheinbar als eine „riesige Provokation, offenbar sprechen wir da etwas an. [...] Wir haben ein enormes Defizit an Frauen an der Uni Leipzig, wir müssen viel nachholen. Das zeigt die Reaktion auf diese winzige lapidare Änderung." (ebd.).

Auf die Frage, ob er sich als Gleichstellungsbeauftragter nicht gegen das generische Femininum hätte positionieren müssen, entgegnet Teichert, er „sehe wirklich nicht, dass die Männer hier an der Uni gefördert werden müssen." Vielmehr habe ein Mann, der „sich in seiner Männlichkeit beschnitten sieht, nur weil das Wort ‚Professorinnen' in der Grundordnung steht, [...] ganz andere Probleme als das generische Femininum." (ebd.).

Im Interview mit der Süddeutschen.de vom 05.06.2013 berichtet die Rektorin der Universität Leipzig, Beate A. Schücking, der Erweiterter Senat habe „darüber diskutiert, wie wir mit dem Thema geschlechtergerechte Sprache umgehen". (Serrao 2013). Die Entscheidung für das generische Femininum sei „nicht kämpferisch gemeint gewesen. [...] Der Tonfall war sehr zivil." (ebd.). Die öffentliche Aufregung um die Grundordnung zeige,

> „dass es mit der Gleichstellung noch nicht so weit her ist. In der Wissenschaft hinkt Deutschland weit hinterher, was den Anteil von Frauen angeht. Wenn ich mir das ansehe, dann haben wir mit unserer Entscheidung vermutlich eine sinnvolle Debatte angestoßen." (ebd.).

Auf die Frage nach sprachlicher Gerechtigkeit antwortet Schücking:

> „Mir fehlt einfach die Phantasie dafür, dass die Männer unter der neuen Sprachregelung leiden könnten. Wir Frauen haben uns doch auch daran gewöhnt, dass man uns als Frau Professor anspricht. [...] Wer souverän ist, wird damit fertigwerden." (ebd.).

## 5.1.2 Kontroverse über den Neuentwurf der ÖNORM A 1080 des Austrian Standards Institute

Das Wiener Austrian Standards Institute erarbeitet und veröffentlicht in Österreich nationale, durch Normierungsgremien entwickelte Standards, die „ÖNORMEN" (Austrian Standards Institute 2014 a), [Schreibweise im Original], die mit den deutschen DIN-Normen vergleichbar sind. Vorschläge für Normen kommen entweder aus „interessierte[n] Kreise[n]" (vgl. ebd.), oder europäische bzw. internationale Normen werden als nationale Normen übernommen; ÖNORMEN dienen nicht nur als normbildende und zitierfähige Empfehlungen, sondern zudem als Grundlagen bei der Entstehung oder Novellierung von österreichischen Bundesgesetzen. (vgl. Austrian Standards Institute 2014 a und b). Der ‚Normengruppe A – Allgemeine Normen' sind u.a. Sprachnormen zugeordnet, wie die ÖNORM 1080, „Richtlinien für die Textgestaltung". (Austrian Standards Institute 2014 c, S.1). Diese ÖNORM

> „ist für das Erstellen und Gestalten von Schriftstücken in Wirtschaft, Verwaltung, Wissenschaft und im privaten Bereich vorgesehen. Sie dient zur Unterstützung im Unterricht sowie in der beruflichen Aus-, Fort- und Weiterbildung." (ebd., S.6).

Zum letzten Mal 2007 aktualisiert, erfuhr die ÖNORM 1080 zu Beginn des Jahres 2014 eine Überarbeitung durch ein acht Mitglieder umfassendes Komitee des Austrian Standards Institutes. Seit der Veröffentlichung eines Neuentwurfs der ÖNORM im März 2014 ist der Entwurf Gegenstand kontroverser öffentlicher Diskussion über das Kapitel 7, „Inhaltliche Textgestaltung" und den „Anhang B (informativ) – Geschlechtergerechtes Formulieren". (vgl. ebd., S.36-39 und S.80-83.). Der Entwurf betont, dass ein „geschlechtersensible[r] Umgang mit Sprache" (ebd., S.36) notwendig sei, er bedeute, „beiden Geschlechtern sprachlich mit dem gleichen Respekt und der gleichen Wertschätzung zu begegnen" (ebd., S.39), was nach dem Verständnis der Verfassenden dadurch erreicht werde, dass „sprachlich korrekt und dem allgemeinen Sprachverständnis entsprechend" formuliert werde. (ebd., S.80). Geschlechtsspezifische Formulierungen könnten in Form von Doppelnennungen der männlichen und der weiblichen Form, auch mittels eines Schrägstrichs getrennt, verwendet werden, sofern sie in vollständiger Form erschienen und es nicht zu Abkürzungen komme (vgl. ebd.), also etwa ‚die Studentinnen/ die Studenten'. Bei geschlechtsspezifischer Ansprache seien „aus Gründen der Höflichkeit" Doppelnennung mit Erstnennung der weiblichen Form zu verwenden. (ebd., S.39).

Texte müssten „nach einmaligem Lesen sofort" verständlich und „unmittelbar laut (vor-)lesbar sein", damit sich „mit dem Leseprozess auch Sinnverständnis" entwickle. (ebd.). Da sie diesem Anspruch nicht genüge, sie sprachlich nicht korrekt sei, einen „„Buchstabensalat" darstellen würde sowie „beiden Geschlechtern sprachlich" nicht gerecht werde (ebd., S.39), müsste auch die zusammenfassende Schrägstrich-Schreibweisen verworfen werden, wie in ‚Student/innen'. Das Binnen-I sei vollständig zu verwerfen, da es nicht den Regeln der Rechtschreibung entspreche (vgl. ebd., S.36 f.); aus demselben Grund seien Abkürzungen weiblicher akademischer Titel – die in Österreich häufiger verwendet werden als etwa in Deutschland –, wie in der hochgestellten Form „Dr.$^{in}$", regelwidrig. (ebd., S.37). „Die Anwendung weiblicher Ableitungsformen auf -in" sei auf Begriffe zu beschränken, die bereits bestehen, etwa „‚Landwirtin'"; Wörter wie „‚Gästin', ‚Mitgliederinnen' oder ‚Kinderinnen'" seien zu verwerfen (ebd., S.38).

Die Neufassung präferiert die „klärende Generalklausel" des als „‚genus commune'" verstandenen generischen Maskulinums. (ebd., S.37-39 und S.82). Seine „Doppelfunktion" wird betont; seine generische Form als „sprachlogisch notwendig" erachtet, da „sonst manche Aussagen nicht möglich wären". (ebd., S.80). Als Beispiel wird u.a. „Achtung, Autofahrer! Auf der A1 kommt Ihnen ein Geisterfahrer entgegen." angeführt und vor der Doppelnennung „Achtung, Autofahrerinnen und Autofahrer! Auf der A1 kommt Ihnen eine Geisterfahrerin oder ein Geisterfahrer entgegen." (ebd., S.81) gewarnt. Ausweichende Formulierungen seien zulässig, aber nur, wo es „leicht möglich ist". (ebd., S.83). Statt „krampfhaft nach Umformulierungen zu suchen", solle das generische Maskulinum gewählt werden. (ebd., S.83). Die Verfassenden des ÖNORM-Entwurfs weisen darauf hin, dass im Deutschen jedes Nomen ein grammatisches Geschlecht habe, Nomen für Lebewesen zudem ein natürliches Geschlecht. Weil beide nicht immer identisch seien, sei es „bei vielen Wörtern der deutschen Sprache […] nicht möglich, geschlechtergerecht zu formulieren." (ebd., S.80). Zur Verdeutlichung werden die folgenden Beispiele angeführt:

> „Die genannte Person erhält eine angemessene Entschädigung. (Person = grammatisches Geschlecht: weiblich; natürliches Geschlecht: weiblich oder männlich)
>
> Der russische Opernstar gastiert morgen in Wien. (Opernstar = grammatisches Geschlecht: männlich; natürliches Geschlecht: weiblich oder männlich).
>
> Das Genie Leonardo da Vinci hat viele moderne Erfindungen vorweggenommen. (Genie = grammatisches Geschlecht: sächlich; natürliches Geschlecht: männlich). (ebd.).

Mit der Veröffentlichung des Neuentwurfs der ÖNORM A 1080 meldeten sich kritische, aber auch befürwortende Stimmen zu Wort. Die Hochschülerinnen- und Hochschülerschaft an der Technischen Universität Graz (2014) betont geschlechtergerechte Sprache als wichtige Grundlage für Gleichberechtigung und Gleichstellung von Studierenden. Sprache erzeuge Bilder, es gehe nicht allein darum, was mit einer Aussage gemeint werde, sondern auch darum, was darunter verstanden werde, denn „im Prinzip beeinflusst das, was ein Mensch versteht, die Wahrnehmung, das Handeln und im Endeffekt unsere Gesellschaft." (Hochschülerinnen- und Hochschülerschaft an der Technischen Universität Graz 2014, S.1). Die Studierendenvertretung kritisiert, dass die Verwendung des generischen Maskulinums die weibliche Form vom Verständnis her nicht impliziere, und merkt an, dass gendergerechte Sprache nicht allein der Hervorhebung von Frauen diene, sondern alle miteinbeziehe,

> „die sich nicht in ein zweigeschlechtliches bzw. heteronormatives System einfügen können. Sollte nun eine Norm eingeführt werden, welche diese Errungenschaft zunichte macht, sind das zwei bedauernswerte Schritte zurück." (ebd., S.2). „Die Einbindung von allen Geschlechtern" wird als förderlich für das Textverständnis verstanden, da präzisiert werde, „wer und was gemeint" sei, „und nicht nur pauschalisiert wird." (ebd.).

Die Antidiskriminierungsstelle Steiermark (2014) gibt in einer Stellungnahme zum Entwurf der ÖNORM A 1080 zu bedenken, dass das Recht auf sprachliche Gleichbehandlung von den österreichischen Gleichbehandlungsgesetzen ableitbar sei, „die u.a. die Diskriminierung aufgrund des Geschlechts untersagen und hierbei auch die Sprache implizieren." (Antidiskriminierungsstelle Steiermark 2014). Sie hebt hervor, dass, auch

> „wenn die aktuell angewandten Regeln für eine gender-gerechte Schreibsprache nicht der Weisheit letzter Schluss sein werden", es „bei etwaigen Änderungen niemal s (sic!) um die Zurücknahme errungener Fortschritte gehen [könne], sondern immer nur um Verbesserungen im Sinn einer sprachlichen Gleichbehandlung". Da „Sprache [...] Sprachwirklichkeiten" schaffe, könne die notwendige „Sichtbarmachung" von Frauen „über die wirklichkeitserzeugende Sprache erfolgen, indem Frauen explizit benannt werden." (ebd.).

Die Vorsitzende des Komitees, das die Neufassung erarbeitet hat, Walburg Ernst, äußert sich in der Wiener Zeitung zu Kritik an dem ÖNORM-Entwurf in österreichischen Medien. In einer Verteidigung der Neufassung stellt sie fest: „Die Sprache dient der klaglosen Verständigung und nicht der Durchsetzung zweifelhafter politischer Ziele." (Neuhold 2014). Sie selbst denke beim generischen Maskulinum Frauen mit; wer es nicht tue, müsse „beschränkt [....] sein". (ebd.). Feministische Linguistik bezeichnet sie als „ideologisches Programm im Gewand der Wissenschaft", das Binnen-I werde

> „uns von gewissen Kreisen politisch oktroyiert. [...] Von den Befürworterinnen wird leider auf benachteiligte Gruppen, wie z. B. Blinde, keine Rücksicht genommen. Denn in der Blindenschrift ist ein Binnen-I nicht oder nur sehr schwer darstellbar." (ebd.).

Das Austrian Standards Institute distanziert sich über seine Direktorin Elisabeth Stampfl-Blaha von diesen Aussagen mit dem Hinweis, Komitee-Vorsitzende seien dem Institut gegenüber „für die objektive und sachbezogene Führung verantwortlich". (Austrian Standards Institute 2014 d).

Zustimmung erfuhr der Entwurf der ÖNORAM A 1080 u.a. bei den Verfassenden eines im Juni und Juli 2014 in den Medien veröffentlichten, nicht datierten Briefes an die österreichische Bildungs- und Frauenministerin, Gabriele Heinisch-Hosek, und den österreichischen Wissenschafts- und Wirtschaftsminister, Reinhold Mitterlehner. Der „Offene[...] Brief zum Thema ‚Sprachliche Gleichbehandlung'" (Glander, Kubelik et al. 2014, o.S.), den rund 800 Personen, darunter einige Prominente, unterschrieben haben, unterstützt mit Bezugnahme auf die ÖNORM A 1080 deren Forderungen und regt zudem an, Klammerformen, z.B. in ‚Student(in)'

"wieder aus dem Schreibgebrauch zu eliminieren." (ebd.). Es sei „Zeit für eine Rückkehr zur sprachlichen Normalität", es müsse „gewährleistet sein, dass durch die traditionsgemäße Anwendung verallgemeinernder Wortformen die Verständlichkeit von Texten wieder den Vorrang vor dem Transport feministischer Anliegen eingeräumt bekommt" (ebd.); dies gelte insbesondere in Hinblick auf „Kinder, die das sinnerfassende Lesen erlernen sollen", „Menschen, die Deutsch als Fremdsprache erwerben" und „Menschen mit besonderen Bedürfnissen (z. B. Blinde, Gehörlose, Menschen mit eingeschränkten kognitiven Fähigkeiten)". (ebd.). Eine Mehrheit der Bevölkerung lehne „die gegenwärtige Praxis der Textgestaltung im öffentlichen Bereich ab", „Sprache war und ist immer ein Bereich, der sich basisdemokratisch weiterentwickelt: [...] Wo immer im Laufe der Geschichte versucht wurde, in diesen Prozess regulierend einzugreifen, hatten wir es mit diktatorischen Regimen zu tun." (ebd.).

## 5.2 Sprache und Darstellungen von sozial benachteiligten Gruppen

### 5.2.1 Darstellungen von Gruppen mit materieller Hilfsbedürftigkeit und ihre Folgen

Der Politologe Christoph Butterwegge (2012), dessen Forschungsschwerpunkt die Armutsforschung ist, konstatiert für die deutsche Medienlandschaft eine „verbreitete Fehlwahrnehmung der Armut". (Butterwegge 2012, S.14). Öffentliche Medien spielten eine Schlüsselrolle in der öffentlichen Diskussion über Armuts- und Sozialstaatsentwicklung (vgl. ebd., S.216), es würden

„Klischees und Stereotype von den Massenmedien über längere Zeit reproduziert", die sich als „Zerrbilder der Armut" „im öffentlichen Bewusstsein" festsetzten. (ebd., S.97). So werde durch „zahllose Berichte über [...] Leistungsmissbrauch [...] Stimmung gegen die Armen und den Wohlfahrtsstaat gemacht" (ebd., S.217), was zu einem „eisigen sozialen Klima[...]" (ebd., S.248) führe, während sich die „politische[...] Repräsentation der Armen auf einem Tiefpunkt" befinde. (ebd., S.254).

Die Journalistin und Philosophin Kathrin Hartmann (2012) macht bei ihrer Analyse der Folgen öffentlicher Darstellungen von materiell bedürftigen Menschen auf die Meinungsbildung der Bevölkerung zwei Gruppen aus, welche die öffentliche Meinung zuungunsten von Menschen, die sich ökonomisch nicht selbst versorgen können, beeinflussen: Politikerinnen und Politiker sowie Medienvertretende. (vgl. Hartmann 2012, S.25-29).

Bekannt geworden ist Kurt Becks Äußerung gegenüber einem Arbeitslosen, er solle sich waschen und rasieren, dann habe er in drei Wochen Arbeit (vgl. Hengst und Volkery 2006), die jedoch kein solitäres Beispiel für eine Diffamierung seitens politischer Volksvertretender, hier mit einer Individualisierung von Arbeitslosigkeit, darstellt. Ob der damalige Außenminister Westerwelle 2010 forderte, Transferleistungen Beziehende zum Schneeräumen einzusetzen, oder Hannelore Kraft sie zum Straßenfegen abordern wollte (vgl. Hartmann 2012, S.26) – durch solche Forderungen werde in der Öffentlichkeit „Armen asoziales Verhalten unterstellt: nämlich sich in der ‚sozialen Hängematte' auf Kosten der Allgemeinheit gemütlich einzurichten." (ebd.). Der damalige Bundeskanzler Gerhard Schröder äußerte 2001: „‚Es gibt kein Recht auf Faulheit in dieser Gesellschaft'" (von Hammerstein und Sauga 2001) und ignorierte damit laut Hartmann (2012) „nicht nur die strukturellen Ursachen von Arbeitslosigkeit und das politische Versagen, eine gerechtere Verteilung von Arbeit und Vermögen zu organisieren", sondern mache „auch noch Opfer zu Tätern". (Hartmann 2012, S.26).

Der Bundestagsabgeordnete Philipp Mißfelder spekulierte, die Erhöhung des Arbeitslosengeldes II sei ein Anschub für die Tabak- und Spirituosenindustrie gewesen (vgl. Butterwegge 2012, S.194) und wiederholte damit suggestiv das Vorurteil, materiell Bedürftige würden Geld lieber in Zigaretten und Alkohol investieren als in sinnvolle Bereiche wie z.B. die Förderung der eigenen Kinder.

2005 brachte das Bundesministerium für Wirtschaft und Arbeit unter Leitung von Wolfgang Clement die Broschüre „Vorrang für die Anständigen – Gegen Missbrauch, ‚Abzocke' und Selbstbedienung im Sozialstaat" heraus (Bundesministerium für Wirtschaft und Arbeit 2005), in der Parallelen zwischen materiell Bedürftigen und den biologisch kategorisierten Lebensformen „Schmarotzer" bzw. „Parasiten" gezogen wurden. (ebd., S.10 und S.24). Kapitelüberschriften wie „Melkkuh Sozialstaat – die alltägliche Selbstbedienung am Gemeinwohl" (ebd., S.4) und Verknüpfungen von nicht belegten einzelnen Betrugsfällen mit politischen Postulaten (vgl. ebd., S.9f. und S.12f.) sowie ein Fokus auf Sozialmissbrauch (vgl. S.32f.) haben das Potenzial zur Verallgemeinerung und dazu, Missgunst gegenüber Menschen zu schüren, die staatliche Transferleistungen erhalten.

Hinzu kam laut Butterwegge (2012) die politische durchgesetzte Doktrin der „Leistungsgerechtigkeit" (Butterwegge 2012, S.197), die die vorherige soziale Gerechtigkeitsauffassung der Bedarfsgerechtigkeit ablöste. Nunmehr werde Förderung seitens der Politik davon abhängig gemacht, dass ein Individuum Leistung für die Gesellschaft erbringe (vgl. ebd.), was zum einen die Problematik aufwirft, was als Leistung definiert und anerkannt wird und zum anderen diejenigen ausgrenzt, die einer solchen Definition nicht standhalten, wie einerseits z.B. unentgeltliche Familienarbeit wie die Pflege Angehöriger Leistende oder andererseits manche Behinderte, Alte, Kranke oder Menschen, die auf dem Arbeitsmarkt – etwa aufgrund längerer Arbeitslosigkeit – wenig Chancen vorfinden.

Von politischer Seite wurden auch Änderungen im Armuts- und Reichtumsbericht 2012/ 2013 vorgenommen. (vgl. Öchsner 2012). Formulierungen wurden gestrichen, welche die ungleiche Verteilung von Privatvermögen, die Zunahme der Einkommensspreizung und die daraus resultierende Verletzung des Gerechtigkeitsempfindens der Bevölkerung sowie eine damit verbundene mögliche Gefährdung des gesellschaftlichen Zusammenhaltes thematisierten. (vgl. ebd.).

Auch unabhängig von der Zitation politischer Äußerungen finden sich in den öffentlichen Medien stigmatisierende Darstellungen von Menschen, die von staatlicher Unterstützung abhängig sind. Betrügerische Einzelfälle werden mit Bezeichnungen wie ‚Florida-Rolf', ‚Karibik-Klaus' oder dem ‚frechsten Arbeitslosen Deutschlands' (vgl. Hartmann 2012, S.32) versehen und medienwirksam ins Licht gerückt, so dass der Eindruck entstehen kann, es handele sich nicht um Einzelfälle, sondern um ein verbreitetes Phänomen. (vgl. Butterwegge 2012, S.223). Eine Thematisierung der „Dunkelziffer" von Armut hingegen, also etwa der Menschen, die einen Anspruch auf Transferleistungen hätten, sie aber aus Unwissenheit oder Scham nicht in Anspruch nehmen, wird laut Butterwegge (2012) in öffentlichen Medien quasi nicht behandelt. (vgl. ebd., S.222).

Zur medialen Diskussion über Suppenküchen/ Tafeln in Deutschland vermerkt Hartmann (2012), die darin vermittelte Empörung gelte „nicht der Tatsache, dass in Deutschland, trotz aller Krisen eines der reichsten Länder der Welt, Armenspeisungen nötig sind. Der Zorn gilt den Bedürftigen selbst". (Hartmann 2012, S.25).

Sprachliche Benachteiligung materiell Abhängiger ist auch in Form von abwertenden Wortkreationen in der deutschen Medienlandschaft beobachtbar. Hartmann (2012) merkt an, der „Generalvorwurf des Schmarotzertums" habe es möglich gemacht, „unterschiedlichste Menschen unter dem erniedrigenden Begriff ‚Unterschicht' zusammenzufassen". (ebd., S.29). Butterwegge (2012) hält fest, dass von Armut Betroffene „in aller Regel keine eigene Klasse oder Bevölkerungsschicht, vielmehr eine heterogen zusammengesetzte Gruppe bilden, in der sich ‚Deklassierte aller Klassen' sammeln." (Butterwegge 2012, S.15). Neben der Bezeichnung ‚Unterschicht', auch ‚Prekariat', für die heterogene Gruppe von finanziell schwachen Menschen ist eine dominierende Formulierung ‚sozial Schwache', die sich sogar in wohlmeinenden Beiträgen wie auf der Homepage der Bundeszentrale für politische Bildung wiederfindet. (vgl. Widmann 2006). Finanzielle Schwäche mit sozialer Schwäche gleichzusetzen, scheint eine gesellschaftlich akzeptierte Diffamierungsform zu sein, die als solche offenbar oftmals gar nicht wahrgenommen wird.

Wilhelm Heitmeyer, Leiter der unten zitierten Langzeituntersuchung ‚Gruppenbezogene Menschenfeindlichkeit' des Instituts für Interdisziplinäre Konflikt- und Gewaltforschung der Universität Bielefeld, spricht bei der umgangssprachlichen

> „Umbenennung der Arbeitslosen (das Wort bezeichnete noch den Verlust) in Hartz-IV-,Empfänger', die plötzlich etwas empfangen, worauf sie zuvor einen Anspruch hatten, die von ‚Leistungen' leben, ohne etwas dafür zu tun" davon, dass die Benannten „rhetorisch runtergedrückt [würden], auf ein erkennbar minderwertiges Niveau." (Goettle 2012).

Allerdings ist auch die pauschale Bezeichnung ‚Arbeitslose' in einem Land heikel, in dem im millionenstelligen Bereich Menschen trotz Berufstätigkeit aufstockend Transferleistungen benötigen. Der bürokratische Begriff ‚Leistungsberechtigte' wäre hier zutreffender, ohne sprachlich abzuwerten.

Zur Relativierung von materieller Armut in Deutschland werden laut Butterwegge (2012) öffentlich häufig Vergleiche zu international oder historisch belegbarer absoluter Armut gezogen, weswegen die relative Armut in Deutschland weniger dramatisch wirke und Kürzungen von Transferleistungen als gerechtfertigt erscheinen könnten. (vgl. Butterwegge 2012, S.14 und S.167). Butterwegge (2012) hält fest, dass „Armutslagen *gesellschaftlich* bedingt sind" und „*Individuelle* Bemühungen, Armut zu überwinden", auf „*strukturelle* Grenzen" stoßen. (ebd., S.145f.), [Hervorhebungen und Großschreibung im Original]. Auch übersteige die Zahl der Arbeitslosen die der offenen Stellen um ein Vielfaches (ebd., S.223), was vom Individuum nicht beeinflusst werden kann. Neben Arbeitslosen seien in Deutschland vor allem „kinderreiche Familien, Alleinerziehende, chronisch Kranke, behinderte Menschen und Alte" von Armut betroffen. (ebd., S.158). Es handelt sich hierbei um Menschen, auf die der Arbeitsmarkt entweder nicht zugreifen darf oder – etwa im Fall Alleinerziehender und Alter – oftmals nicht will. „Das Zerrbild des faulen Arbeitslosen diente" hingegen dazu, „mit der Agenda 2010 die größten und weitreichendsten sozialen Einschnitte der Nachkriegsgeschichte [...] umzusetzen". (Hartmann 2012, S.26).

Laut Butterwegge (2012) ist Kinderarmut die aktuell am weitesten verbreitete Armutsform in Deutschland, die bereits konstitutiver Bestandteil des bestehenden Wirtschafts- und Gesellschaftssystems sei; mindestens jedes fünfte Kind unter 15 Jahren lebe hier in Armut (vgl. Butterwegge 2012, S.91 und S.185). Journalistische Darstellungen von Kinderarmut beschränkten sich jedoch „meist auf

die Schilderung spektakulärer bzw. ‚Problemfälle'", mit dem Hinweis, „es handle sich dabei weniger um materielle Not" als um „Vernachlässigung durch die Eltern". (ebd., S.182). Dabei werde seitens der Publizistik „vielfach so getan, als resultiere die Armut primär aus dem Versagen überforderter (Unterschicht-) Eltern". (ebd., S.195).
Butterwegge (2012) konstatiert, „Reiche[...]" nutzten ihren „(medialen) Einfluss", um die Schuld an materieller Bedürftigkeit den Betroffenen zuzuweisen. (ebd., S.14). Zudem werde die politische von journalistischer Seite „in dem Versuch bestärkt und unterstützt, sich vom erfolgreichen Sozial(staats)modell [...] zu verabschieden". (ebd., S.224). „Journalist(inn)en" wiederholten in Bezug auf den Sozialstaat dabei zwei Suggestionen bzw. „Behauptungen: die seiner Unfinanzierbarkeit aufgrund übertriebener Großzügigkeit und seiner Überforderung aufgrund massenhaften Leistungsmissbrauchs." (ebd., S.216). Damit seien „Massenmedien [...] Katalysatoren, wenn nicht Motoren der Sozialreformen, weil sie ein dafür unerlässliches ‚Reformklima' erzeugt haben, das den institutionellen Wandel vorbereitete". (ebd., S.224).

Bezugnehmend auf die Langzeituntersuchung ‚Gruppenbezogene Menschenfeindlichkeit' des Instituts für Interdisziplinäre Konflikt- und Gewaltforschung der Universität Bielefeld stellt Hartmann (2012) fest, dass bei gleichzeitiger „Einforderung von Etabliertenvorrechten" „Langzeitarbeitslose eine neue eigene Gruppe von Diskriminierungsopfern ausmachen". (Hartmann 2012, S.30). Ein hoher Prozentsatz von Befragten gehe davon aus, dass Langzeitarbeitslose sich auf Kosten der Gesellschaft ein bequemes Leben machten, nicht wirklich an der Arbeitsaufnahme interessiert seien, an ihrer Situation selbst schuld und schließlich sogar für die Finanzkrise verantwortlich seien. (vgl. ebd., S.31). Abwertung sei vor allem in der Ökonomisierung begründet: Wo sich

> „Logiken von Effizienz und Verwertbarkeit immer weiter in Institutionen" ausbreiteten, die „nicht nach ökonomischen Grundsätzen funktionieren, also Familie, Schule und soziale Beziehungen", gerieten als nicht effizient und nicht verwertbar betrachtete Gruppen „in den Fokus der Abwertung". (ebd., S.32),

was auch zu den ermittelten Ansichten führe, der Staat könne sich in einer Wirtschaftskrise weder den Schutz von Minderheiten noch gleiche Rechte für alle Menschen leisten. (vgl. ebd.). Obwohl die Mehrheit der Befragten eine soziale Spaltung wahrnähme, die Angst mache, ein Auseinanderdriften der Gesellschaft bemängelte und angegeben hätte, unter der „Ellenbogengesellschaft" zu leiden (vgl. ebd., S.32f.), sei eine Identifikation der Mittelschicht mit der „Wirtschaftselite" (ebd., S.35) auffällig. Hartmann (2012) bezeichnet dieses Phänomen als „Soziales Stockholmsyndrom" (ebd., S.33) mit der Folge, dass „Teilhabe nur an die ökonomische Verwertbarkeit [...] gekoppelt ist", die „Politik nicht die Armut, sondern die Armen bekämpft" und eine „immer größer werdende Zahl von Menschen" abgewertet werde. (ebd., S.35).

## 5.2.2 Darstellungen von Menschen mit Migrationshintergrund und ihre Folgen

Der Kriminologe Christian Walburg (2014) konstatiert in seinem Gutachten zu ‚Migration und Jugenddelinquenz':

> „In Bezug auf das Thema Migration lässt sich [...] beobachten, dass über Einwanderer besonders häufig in negativen Zusammenhängen berichtet wird. [...] Speziell im Hinblick auf die Kriminalitätsbeteiligung von Ausländern gehen viele Menschen von einem (deutlichen) Anstieg aus, der sich in den Kriminalstatistiken nicht wiederfindet." (Walburg 2014, S.4).

„Boulevardmedien" wie „anspruchsvollere Medien" seien „bei diesem Thema nicht vor reißerischen und irreführenden Schlagzeilen gefeit. So wurden im Juni 2010 die Ergebnisse aus einer kriminologischen Jugendstudie zu Zusammenhängen zwischen muslimischer Religiosität und Gewalt in vielen Tageszeitungen mit skandalisierenden Überschriften versehen", welche „nach dem gegenwärtigen Forschungsstand unzutreffend [...] und in ihrer vorurteilsschürenden Wirkung [...] umso problematischer" seien. (ebd., S.4f.). Als Beispiele nennt er: „‚Junge Muslime: je gläubiger, desto brutaler'", „‚Faust zum Gebet' gehoben" und „‚jung, muslimisch, brutal'". (ebd., S.5).

Walburg (2014) kommt zu dem Ergebnis, dass zum einen „ein beträchtlicher Teil der nichtdeutschen Tatverdächtigen (2013: rund 20 Prozent) wegen eines Verstoßes gegen spezielle ausländerrechtliche Vorschriften [...] registriert wird" (ebd., S.6), somit aufgrund von Straftaten, deretwegen die autochthone Bevölkerung nicht straffällig werden kann; dass „junge Ausländer seither, vor allem wegen Gewaltdelikten, deutlich häufiger durch die Polizei als Tatverdächtige registriert wurden als junge Deutsche", (ebd., S.6); und dass die Entscheidung über eine Strafanzeige „in beträchtlichem Maße auch durch die Zuordnung des Täters zu einer als fremdethnisch definierten Gruppe bestimmt wird", was dazu führe, dass Jugendliche mit Migrationshintergrund gegenüber solchen der autochthonen Mehrheit „bei Gewaltdelikten insgesamt einem um bis zu 50 Prozent erhöhten Anzeigerisiko ausgesetzt" seien. (ebd., S.10).

Laut Walburg (2014) sind erhöhte Gewaltrisiken nicht auf spezielle ethnische oder religiöse Gruppen beschränkt, vielmehr hänge die Akzeptanz gewaltlegitimierender Normen stark mit Diskriminierungserfahrungen sowie der sozioökonomischen Lage zusammen und sei Gewalt(-akzeptanz) in erster Linie das Ergebnis sozialer Unterprivilegierung. (vgl. ebd., S.17). Wo Unterschiede in der Bildungsteilhabe gering seien, „gehen [...] Unterschiede in der Gewaltbelastung und bei delinquenznahen Faktoren (wie Gewaltakzeptanz, delinquente Freunde) zurück". (ebd., S.18).

Butterwegge (2012) stellt fest, dass Menschen mit Migrationshintergrund in deutschen Medien verstärkt als Personen dargestellt werden, die missbräuchlich staatliche Transferleistungen in Anspruch nähmen. (vgl. Butterwegge 2012, S.220f.). Er betont die hierbei entstehende „Gefahr einer Ethnisierung der sozialen Beziehungen und Probleme", die einerseits Menschen mit Migrationshintergrund selbst für „Armut und Ausgrenzung" verantwortlich mache, andererseits lasse sich durch Stigmatisierung von Minderheiten „die Mehrheitsbevölkerung umso leichter gegen den Sozialstaat mobilisieren." (ebd., S.221).

Auch in politischen Aussagen ist eine Asymmetrie zuungunsten von ethnischen Minderheiten feststellbar. So kommentierte der CSU-Vorsitzenden Horst Seehofer 2010 seinen ‚Sieben-Punkte-Plan zur Integration', in welchem er Integrationsbemühungen einseitig eingewanderten Menschen zusprach, Deutschland sei „kein Zuwanderungsland" und von „den christlich-jüdischen Wurzeln und von Christentum, Humanismus und Aufklärung geprägt" (vgl. Süddeutsche.de 2010), was als Abgrenzung insbesondere gegen muslimische Religionszugehörige verstanden werden kann und die Integrationsverpflichtung der Mehrheitsgesellschaft verschweigt. Bundeskanzlerin Angela Merkel ergänzte seine Aussagen mit der Äußerung, „der Aufbau einer Multikulti-Gesellschaft in Deutschland" sei „‚gescheitert'". (ebd.).

In seiner Publikation ‚Deutschland schafft sich ab', ebenfalls aus dem Jahr 2010, „diffamierte" Thilo Sarrazin, damaliger Vorstand der deutschen Bundesbank und SPD-Mitglied, „Arme und den Sozialstaat", zudem gezielt „Migrantinnen und Migranten aus muslimischen Ländern" (Butterwegge 2012, S.259), deren angebliche mangelnde Integrations- und Leistungsfähigkeit er teilweise genetisch zu begründen versuchte. (vgl. Sarrazin 2010, S.255-330). Hierauf entflammte eine öffentliche Debatte mit „sozialdarwinistischen, rassistischen und rechtspopulistischen Töne[n]". (Butterwegge 2012, S.259).

In der Auswertung der Langzeituntersuchung ‚Gruppenbezogene Menschenfeindlichkeit' des Instituts für Interdisziplinäre Konflikt- und Gewaltforschung der Universität Bielefeld werden häufige negative Einstellungen gegenüber Menschen muslimischer Religionszugehörigkeit konstatiert, wobei sich „in islamfeindlichen Einstellungen religiöse, kulturalistische, rassistische und sozialökonomische Argumentationsmuster" mischten. (Heitmeyer, Zick et al. 2010).

Wippermann und Flaig (2009) betonen, dass 18,6% der Wohnbevölkerung in Deutschland einen Migrationshintergrund hätten. (vgl. Wippermann und Flaig 2009, S.3). Eine „SINUS-Studie über Migranten-Milieus" (ebd.) von 2008 führe zu dem Schluss, dass „in weiten Teilen der Migranten-Population ein hohes Maß an kultureller Adaption und Integrationsbereitschaft" vorhanden sei, Menschen

mit Migrationshintergrund „fühlen sich (und sind) besser integriert als viele in der autochthonen Bevölkerung"; „Migrationshintergrund und Mehrsprachigkeit [würden] als [persönliche und gesellschaftliche] Bereicherung" verstanden (ebd., S.6).
Zudem stellen die Autoren fest: „Menschen des gleichen Milieus mit unterschiedlichem Migrationshintergrund verbindet mehr miteinander als mit dem Rest ihrer Landleute aus anderen Milieus" (ebd., S.7), auch erscheinen Parallelen zwischen betrachteten ‚Migranten-Milieus' und den vergleichbaren Sinus-Milieus der Mehrheitsgesellschaft. (vgl. ebd., S.10). „Negativ-Klischees entsprechende[...] Teilgruppen" von Zugewanderten seien im Modell „lokalisierbar. Aber es sind sowohl soziodemografisch als auch soziokulturell marginale Randgruppen." (ebd., S.11). Es herrschten in breiten Teilen der ‚Migranten-Milieus' ein „bi-kulturelles Selbstbewusstsein und eine postintegrative Perspektive", weswegen „die mangelnde Integrationsbereitschaft der Mehrheitsgesellschaft und das geringe Interesse an den Eingewanderten beklagt" würden. (ebd., S.10).
Zur Aussage, ‚Multikulti' sei gescheitert, verweisen die Autoren auf die Vielzahl von Teilkulturen in der autochthonen Bevölkerung und korrigieren einen „Kategorienfehler [...]: Denn ‚multikulti' ist etwas anders als ‚multi-ethnisch'. [...] Multi-ethnisch im Sinne einer Kultur der Diversität ist keineswegs gescheitert", sondern sei vielmehr „Realität". (ebd., S.9 f.).
In den meisten ‚Migranten-Milieus' spiele Religion laut Wippermann und Flaig (2009) keine „alltagsbestimmende Rolle". (ebd. S.10). „Drei Viertel der Befragten zeigen eine starke Aversion gegenüber fundamentalistischen Einstellungen und Gruppierungen". (ebd.). Hingegen erlebten ethnischen Minderheiten auf sie bezogene Fremdenfeindlichkeit, insbesondere Islamfeindlichkeit, sowie Ausgrenzungen etwa in den Bereichen Bildung, Erwerbsarbeit und soziale Teilhabe. (vgl. Foroutan und Schäfer 2009, S.12-15).

# 6 Öffentliche Sprache als soziale Handlungsebene und als Spiegel gesellschaftlicher Machtpositionen

## 6.1 Ringen um die Definitionshoheit über Sprachnormen – genderbezogene und heteronormative Perspektiven

In der Grundordnung der Universität Leipzig werden Männer durch einen Angriff in Form demonstrativer Nicht-Nennung eigentlich Sprachprivilegierter als Feindbild konstruiert (vgl. Butler 1991, S.33), was nicht mit dem Ziel der Universität, „geschlechtergerechte Sprache" (Serrao 2013) zu verwenden, vereinbar ist. Sie können dies berechtigterweise als sprachliche Entthronung und als Bedrohung ihrer sozialen Position auffassen, was zu entsprechend heftigen Reaktionen führen kann. Hier findet sich Luise Puschs hypothetischer Vorschlag der totalen Feminisierung von Sprache in der Praxis wieder, wobei keineswegs „die ‚männliche Seite des Problems' unangetastet bleibt" (Pusch 1984, S.17): Sprachlich Privilegierte sollen sich angesprochen fühlen, wenn Nicht-Privilegierte genannt werden. Das generische Femininum, welchem bisher „eine ausschließlich geschlechtsspezifizierende Funktion" (Pusch 1990, S.88) zugestanden wurde, steht für einen Bruch mit Sprachprivilegien, der für bisher Sprachprivilegierte nicht akzeptabel ist.

Ein über das inkorporierte kulturelle Kapital der Sprache erlangter sprachlicher Habitus wird in der Grundordnung symbolisch verändert, um über die Simulation sprachlicher Dominanz – der Definitionsmacht über eine Sprachnorm – eine soziale Position zu verdeutlichen, die die deutsche Sprache für Frauen nicht vorsieht. (vgl. Schwingel 2003, S.70). Auf dem sozialen Feld der Schriftsprache wird ein symbolisches Kapital signalisiert, das Frauen traditionell nicht haben. Dabei ist das „Einverständnis" nicht gegeben, das auf „Seiten der Beherrschten" (Bourdieu 2005, S.56) vorausgesetzt wird. Es handelt sich um den Versuch, eine Sprachhandlung zu vollziehen, ohne über das symbolische Kapital dafür zu verfügen, zu dem die Sprachgemeinschaft Sprechende bevollmächtigen muss. (vgl. ebd., S.103). Folglich handelt es sich um eine sprachliche und symbolische Entthronung und um die verbale Usurpation einer sozialen Position mit Ausrichtung auf die damit verbundenen Privilegien. Auf dem sozialen Feld der Schriftsprache wird durch die Grundordnung der Universität Leipzig ein Herrschaftsanspruch proklamiert, der als solcher in der Öffentlichkeit auch wahrgenommen wurde. Da die Verwendung exklusiver Sprache zur Sicherung sozialer Ungleichheit verwendet wird (vgl. Weber 2001, S.40), wird hier soziale Ungleichheit zulasten der in der gegenwärtigen Sprachgemeinschaft eigentlich Dominaten signalisiert.

Die Stellungnahmen des Gleichstellungsbeauftragten und der Rektorin der Universität Leipzig können zur Bestärkung der Wahrnehmung eines usurpatorischen Aktes beitragen. Beide ignorieren tatsächliche sprachliche Benachteiligung durch das generische Femininum und individualisieren Kritik daran. Beate A. Schücking nimmt dabei eine klassische überlegene Haltung ein, wie sie sprachlich Privilegierten möglich, zur Deeskalation aber wenig geeignet ist; Georg Teichert sendet widersprüchliche Signale aus, wenn er einerseits hervorhebt, die Neufassung der Grundordnung sei eher durch „Pragmatismus als [durch] Ideologie" entstanden, sie als „winzige lapidare Änderung" bezeichnet und in ihr andererseits einen „symbolische[n] Akt" sieht. (Oestreich 2013). Ein symbolischer Akt kann nicht lapidar sein. Offenbar ist Teichert die Tragweite der Neufassung bewusst, er verortet sich aber in der Perspektive des unaufgeregten Mit-Gemeinten, der sich mit der Änderung identifizieren kann, und nimmt so die Perspektive ein, die traditionell von Nicht-Erwähnten verlangt wird. Da er dies aber als Angehöriger der gesellschaftlich sprachdominanten Gruppe tut, also als Mann, kann auch das als Provokation wirken, da er den Habitus einnimmt, den manche Männer nun befürchten mögen, annehmen zu müssen. Mit der Erklärung, Männer an der Universität Leipzig nicht als förderungsbedürftige Gruppe zu sehen, präsentiert Teichert sich als Frauen-, aber nicht als Gleichstellungsbeauftragter, und signalisiert damit vor dem Hintergrund einer heteronormativen Position, dass Sprachbenachteiligte von ihm keine Unterstützung erwarten dürfen, sofern sie keine – heteronormativ eindeutigen – Frauen sind. Auch dies kann berechtigterweise Kritik hervorrufen.

Die Chance, durch strukturelle sprachliche Veränderungen gesellschaftliche Vielfalt von Geschlechtsidentitäten sichtbar und damit lebbar zu machen, die von gendergerechter Sprache angestrebt wird, wurde von den Verfassenden der Grundordnung der Universität Leipzig verfehlt. Allerdings ist es ihnen gelungen, mit ihr durch starke Provokation die öffentliche Debatte um gendergerechte Sprache zu beleben.

Die Sprachempfehlungen im Entwurf der ÖNORM A 1080 zu Textgestaltung und geschlechtergerechtem Formulieren erscheinen als Versuch, über die Verteidigung von Sprachprivilegien eine gesellschaftliche Ordnung zu stabilisieren, die ins Wanken geraten ist. Über bisherige Änderungen im Bereich gendergerechter Sprache ist es sprachlich Privilegierten nicht mehr möglich, mittels Sprachgebrauch im selben Umfang die eigenen Interessen zu vertreten und vertreten zu wissen wie zuvor. Mit der Umsetzung der Neufassung könnte die „Disziplinarfunktion der Macht" in einer „Disziplinargesellschaft" (Foucault 1994, S.277) eine Durchdringung von Machtbeziehungen der Gesellschaft bis in ihre kleinsten Abschnitte hinein ermöglichen: Sprache kann als Bestandteil eines „Machtverhältnis[es]" (Foucault 1999, S.192) das Denken und damit das Handeln Sprachhandelnder dahingehend formen, dass Sprachprivilegierte einige verlorene Privilegien zurückgewinnen, zumindest aber nicht im selben Maße weiterhin verlieren wie durch die Verwendung von gendergerechter oder antidiskriminierender Sprache. Seitens sprachlich Nicht-Privilegierter könnten Selbstüberwachung und Selbstdisziplinierung über eine vorgegebene Sprachform stattfinden (vgl. ebd. und Fink-Eitel 2002, S.70), die sie selbst ausklammert und Sprachprivilegierte begünstigt. Da ÖNORMEN verbindlichen Charakter haben, würde es bei der Umsetzung des Entwurfs Sprachhandelnden erschwert, sich gegen die Internalisierung solcher Normen zur Wehr zu setzen. Diese Sprachnorm würde einen Rückfall in teilweise überwundene, zumindest aber wahrgenommene Benachteiligungsmuster durch Sprache bedeuten und die Rücknahme von Varianten sprachlicher Normalität bedeuten, die sich um Gerechtigkeit bemühen.

Die kritischen Stimmen zum Entwurf der ÖNORM argumentieren sprechakttheorie- und erfahrungsbezogen (vgl. Hochschülerinnen- und Hochschülerschaft an der Technischen Universität Graz 2014) oder unter Bezugnahme auf juristische Grundlagen sowie auf Spracherrungenschaften durch gendergerechte Sprache (vgl. Antidiskriminierungsstelle Steiermark 2014). Verfassende der ÖNORM sowie des Offenen Briefes begründen dagegen schwerpunktmäßig normativ, wobei bis auf Rücksicht benötigende Gruppen (vgl. Glander, Kubelik et al. 2014, o.S. und Neuhold 2014) nicht präzisiert wird, von welchen Gruppen als Norm ausgegangen wird. So wird nicht ersichtlich, nach welchen Kriterien ausweichende Formulierungen als „leicht möglich" (Austrian Standards Institute 2014 c, S.83) eingeschätzt werden, ebenso wenig, was Formulierungen als „sprachlich korrekt und dem allgemeinen Sprachverständnis entsprechend" (ebd., S.80) auszeichne oder welche Ansprüche erfüllt werden müssen, damit Texte „nach einmaligem Lesen sofort" verständlich sind. (ebd., S.39). Es wird nicht offengelegt, auf welches schriftliche Sprachniveau sich eine Gesellschaft einigen sollte – journalistische Texte werden sich zwangsläufig von wissenschaftlichen Texten oder Emails unterscheiden, ohne dass jeder Text von allen Lesenden gleichermaßen auf Anhieb und umfassend verstanden werden kann. Auch hermeneutischem Verstehen durch wiederholte Lektüre wird hier kein Raum gegeben.

Der Offene Brief spricht von einer nicht definierten „sprachlichen Normalität" und „traditionsgemäße[r] Anwendung verallgemeinernder Wortformen" (Glander, Kubelik et al. 2014, o.S.) und behauptet ohne recherchierbare Belege, dass eine Mehrheit der Bevölkerung gendergerechte Sprache ablehne. Die Verfassenden des Briefes setzen Ansätze gendergerechter Sprache mit sprachlichen Eingriffen diktatorischer Regime gleich (vgl. ebd.), was Lesende gegen das Bemühen um Sprachgerechtigkeit einnehmen soll und im Vergleich heikel ist: Bei Diktaturen kann davon ausgegangen werden, dass sprachliche Eingriffe Privilegierten nützen sollen. Im Fall gendergerechter Sprache wird hingegen versucht, Benachteiligungsmuster aufzulösen. Dies wird im Brief als Bedrohung dargestellt. Zudem werden Machtverhältnisse suggeriert, die in der sozialen Realität nicht vorliegen. Historisch unzutreffend ist die Behauptung, Sprache würde sich immer basisdemokratisch weiterentwickeln. (vgl. ebd.). Beispielsweise die letzte Rechtschreibreform oder die allgegenwärtigen Sprachschöpfungen aufgrund von kommerziellen – etwa in der Werbung – oder politischen Interessen (vgl. Kap. 6.2) werden ausgeblendet.

Innerhalb der Kontroverse mögen normative Begründungen, nicht zutreffende Behauptungen und nicht belegte Beispiele der Befürwortenden des Entwurfs ebenso als Provokanz wirken wie die zahlreichen Logik- und sächlichen Fehler der Neufassung. So verlassen die Verfassenden der Entwurfs z.B. den selbstgewählten Definitionsrahmen der Schriftsprache (vgl. Austrian Standards Institute 2014 c, S.6), wenn sie zur Untermauerung ihrer Argumentation einen Radioaufruf zitieren, in dem vor einem „Geisterfahrer" gewarnt wird, wobei geschlechtliche Doppelnennungen zu verwerfen seien (ebd., S.81); bei den Beispielen „Person", „Opernstar" und „Genie" (ebd., S. 80) handelt es sich nicht um im Sinne von Gendergerechtkeit strittige Wörter, da es sich um Ausnahmenomen mit nur einer einzigen Genus-Form handelt, was kein Argument für ein verpflichtendes generisches Maskulinum sein kann; das Wehren gegen die Kuriosa „‚Gästin', ‚Mitgliederinnen' oder ‚Kinderinnen'" (ebd. S.38) wirft die Frage auf, wie die Häufigkeit solche Begriffe im allgemeinen Sprachgebrauch von den Verfassenden eingeschätzt wird, und kann Zweifel an der Nähe der ÖNORM A 1080 zu sprachlichen gesellschaftlichen Realitäten wecken.

Eine mutmaßlich nicht gründlich erarbeiteten Fassung einer verbindlichen Norm mag auch jenseits von Diskussionen um Gendergerechtigkeit Kritik finden. Wenn fehlerhafte oder realitätsferne Beispiele aber den Anschein erwecken können, primär zur Durchsetzung von Sprachprivilegien verwendet worden zu sein, ist Widerstand von jenen zu erwarten, die dies nicht mittragen.

Der Entwurf der ÖNORM wird seinem Anspruch, geschlechtersensiblen Umgang mit Sprache (vgl. ebd. S.36) zu vertreten, nicht gerecht, sondern konzentriert sich vielmehr darauf, alle, die keine – heteronormativ eindeutigen – Männer sind, unsichtbar zu machen. Das Ziel einer vergangenheitsverbundenen, aber nicht definierten Sprachgenauigkeit soll das Ziel der Sprachgerechtigkeit, das tatsächlich größere sprachliche Genauigkeit einschließt, verdrängen. So ist z.B. nicht schlüssig, inwiefern Textverständnis oder Sprachgenauigkeit darunter leiden könnten, wenn Frauen geschlechtsspezifische Titelkürzel führen. (vgl. ebd. S.37). Im Gegenteil kann eben die Sprachgenauigkeit darunter leiden, wenn sie deswegen z.B. für Männer gehalten würden. So wird im Entwurf übersehen, dass das generische Maskulinum eben nicht sprachgenau ist – es klammert einen Großteil der Gemeinten aus und dient somit neben Machtinteressen der Verallgemeinerung, nicht der Präzisierung. (vgl. Hochschülerinnen- und Hochschülerschaft an der Technischen Universität Graz 2014, S.2).

Grundsätzlich werden von den Befürwortenden der ÖNORM sachliche Fähigkeiten und Kommunikationsbeziehungen verwechselt (vgl. Foucault 1999, S.188), besonders eindeutig dort, wo Gruppen zitiert werden, die besonderer Rücksichtnahme bedürfen, etwa wenn die schwere Lesbarkeit des Binnen-Is in der Braille-Schrift als Argument gegen gerechte Sprachformen ins Feld geführt wird. (vgl. Neuhold 2014). Hinzu kommt, dass hier Blinden ohne Dialog mit ihnen und über sie hinweg das Potenzial zur Transformation von Sprache abgesprochen wird. Blinde werden für die Zwecke Nicht-Betroffener instrumentalisiert, mit dem Ziel, Kritik mundtot zu machen, indem eine benachteiligte Gruppe aufgefordert wird, die eigenen Interessen zugunsten einer anderen – besonders schützenswerten – Gruppe hintanzustellen.

Offenbar sind bei den Verfassenden des ÖNORM-Entwurfs keine Kenntnisse zu Sprache als sozialem Handeln oder genderbezogenen sozialen Realitäten vorauszusetzen; so ist beispielsweise die Berufung auf die Verwendung des generischen Maskulinums „sprachlogisch" begründet. (Austrian Standards Institute 2014 c, S.80).

Sofern die Komitee-Vorsitzende Walburg Ernst mit der „Durchsetzung zweifelhafter politischer Ziele" Gendergerechtigkeit meinen sollte und wenn sie Feministische Linguistik als „ideologisches Programm im Gewand der Wissenschaft" (Neuhold 2014) bezeichnet, wird der Diskussionsbereich von Sprachgenauigkeit und Sprachgerechtigkeit offensichtlich verlassen; vielmehr wird die Beteiligung an einem gesellschaftlichen Machtkampf erkennbar, in dessen Rahmen Feindbilder bekämpft werden.

Der Neuentwurf der ÖNORM A 1080 erscheint als Grundsatzerklärung gegen die Bemühungen um sprachliche Gerechtigkeit der vergangenen Jahrzehnte mit dem Versuch, gesellschaftliche Entwicklungen in Richtung Geschlechtergerechtigkeit rückgängig zu machen, zumindest aber aufzuhalten. Die Neufassung der Grundordnung der Universität Leipzig hingegen übt den Bruch mit einer tradierten Sprachnorm, wobei sie deren Fehler wiederholt. In beiden Veröffentlichungen wird Geschlecht offenbar nur als anatomisches (sex) verstanden, eine binäre männlich-weibliche Ordnung wird vorausgesetzt. Soziale Realitäten der ‚gender identity' werden hingegen ebenso ignoriert wie biologische Abweichungen. Es wird nicht erkannt, dass mit der Verwendung einer einzigen polarisiert eingeschlechtlichen Sprachform die Interessen und Leistungen all jener unsichtbar gemacht werden, deren Geschlechtsidentitäten ungenannt bleiben, und dass die fehlende Repräsentation zu ihrer Benachteiligung führt. In beiden Beispielen führen Normen zu einer Enteignung durch Sprache; nicht genannte Sprachhandelnde haben nicht die Wahl, sich Anerkennungsnormen zu unterwerfen (vgl. Butler 1991, S.38f., Butler 2003, S.33 und Pusch 1990, S.89), was starken Widerstand hervorrufen kann. Wenn Geschlechtsidentität als Produkt einer performativen Konstruktion durch wiederholte Darstellung verstanden wird, wird durch die Neufassung der ÖNORM A 1080 und der Grundordnung der Universität Leipzig sprachlich Ausgegrenzten abverlangt, dauerhaft eine veränderte Selbstkonstruktion im Rahmen des „Doing Gender" vorzunehmen, die ihnen nicht entspricht. (vgl. Butler 1991, S.206). Dafür scheint, wie an den Beispielen von Georg Teichert und Walburg Ernst zu sehen ist, auch auf persönlicher Ebene kein Verständnis vorzuliegen; in beiden Fällen sind die Ansprüche an Nicht-Erwähnte, sich in eine benachteiligte Rolle einzufügen, auch Ansprüche, die persönlich erfüllt werden müssen, was nicht als Problem angesehen wird.

Sprache als inkorporiertes kulturelles Kapital, das zum Habitus geworden ist, ist Bestandteil der Agierenden (vgl. Schwingel 2003, S.76), weswegen eine Aufforderung zum Ändern der Sprechgewohnheiten als Eingriff in die eigene Person verstanden werden kann. Diese appellativen Aspekte wurden von den Verfassenden der ÖNORM A 1080 und der Grundordnung der Universität Leipzig entweder nicht wahrgenommen oder ignoriert. Da gesellschaftlichen Machtpositionen in beiden Fällen offenbar ebenfalls nicht strukturell hinterfragt worden sind, werden „die Dialogmöglichkeiten" darüber jeweils stark eingeschränkt; die Gefahr besteht, dass ein Dialogschema verwendet wird, welches fälschlicherweise „voraussetzt, dass die Sprecher gleiche Machtpositionen einnehmen und dasselbe Vorverständnis über den Gehalt der [verwendeten] Begriffe [...] mitbringen." (Butler 1991, S.34f.). Wo mit „kolonisierende[m] Gestus" „unkritisch die Strategie" Privilegierter kopiert wird, die Konzentration auf Feindbilder zu legen, „statt eine andere Begrifflichkeit bereitzustellen", die strukturelle Veränderungen ermöglichen kann (Butler 1991, S.33), erscheint ein Dialog stark erschwert, wenn nicht blockiert. Die Argumentationsmuster lassen vielmehr eine Debatte um gesellschaftliche Machtpositionen erkennen, die sich über Sprache als soziales Handeln zeigt, in beiden betrachteten Beispielen als Ringen um die Definitionshoheit über genderbezogene Sprachnormen.

## 6.2 Soziale Positionierung und Machterhalt privilegierter Gruppen durch Sprache – Gruppenkonstruktionen, Ausgrenzungsstrategien und kollektive Handlungsbeschränkungen

Auffallenden Redundanzen in öffentlichen Darstellungen von Menschen mit materieller Hilfsbedürftigkeit und von Menschen mit Migrationshintergrund erklären sich nach Butler (1991) dahingehend, dass die Objekte von Benachteiligung sich unterscheiden, Strukturen der Benachteiligung aber universell einsetzbar sind. (vgl. Butler 1991, S.33). Wenn nach Goffman (2003) davon ausgegangen wird, dass zum einen seitens der sozialen Umgebung das Selbst eines Subjektes mit seiner gesellschaftlichen „Rolle" (Goffman 2003, S.230) gleichgesetzt wird und dass zum anderen sein Selbst nicht die Ursache einer sozialen Szene, vielmehr ein szenisches Produkt ist, dessen Produktion und Behauptung nicht beim

Subjekt liegt, sondern „oft in sozialen Institutionen" (ebd., S.231), so können abwertende und fehlerhafte negative Äußerungen von politischer und medialer Seite über ökonomisch Schwache und ethnische Minderheiten dahingehend verstanden werden, dass auf diesem Wege die Konstruktion von Rollen vorgenommen wird, die ihre gesellschaftliche Ausgrenzung legitimieren und vorantreiben sollen. Gesellschaftliche Probleme werden individualisiert bzw. auf benachteiligte Gruppen bezogen. Somit wird an Ausgegrenzte der nicht erfüllbare Anspruch herangetragen, gesellschaftliche Veränderungen singulär und einseitig auf individuellem Wege bzw. durch gruppeninterne Bemühungen zu erwirken. Durch diese Individualisierungen bzw. Gruppenzuschreibungen erfolgen Entsolidarisierung und damit ein Ausbremsen kollektiver Handlungsfähigkeit.

Gleichzeitig wird den ausgegrenzten Subjekten ein massiver Eingriff in das eigene Selbst zu ihren Ungunsten zugemutet. Dabei können die „Selbstdarstellungen, auf die eine Persönlichkeit aufgebaut wurde, diskreditiert werden" (ebd., S.222), was stark negative Auswirkungen auf das Selbstbild haben kann. Dennoch werden Ausgegrenzte kaum dagegen aktiv, aufgrund eines verletzten Selbstbildes, internalisierter Individualisierung, die gegebenenfalls Scham hervorruft (vgl. Fink-Eitel 2002, S.70), und da bei „Störungen der Sozialstruktur" (Goffman 2003, S.222) alle Beteiligten ein Interesse daran haben und Techniken anwenden, um das gesellschaftliche Schauspiel zu retten. (vgl. ebd., S.218). Zudem können Ausgegrenzte die Machtverhältnisse, die sie dominieren, nicht durch einen singulären losgelösten Erkenntnisprozess verlassen, da sie selbst in „Macht/Wissen-Beziehungen" (Foucault 1994, S.39) eingebunden sind.

So erklärt sich auch das zu beobachtende „Soziale[...] Stockholmsyndrom" (Hartmann 2012, S.33). Diejenigen, die finanziell Schwache ausgrenzen und sich mit einflussreichen Gruppen identifizieren, ohne selbst zu Letzteren zu gehören, erkennen nicht, dass sie sich mit ihrer Zustimmung zu weitreichenden „sozialen Einschnitte[n]" (ebd., S.26) dauerhaft an gesellschaftlichen Verschärfungen beteiligen, die auch zu ihrem eigenen Nachteil sind und sogar von ihnen beklagt werden. (vgl. ebd., S.32f.).

Mit der öffentlichen Ausgrenzung, insbesondere mit der Kriminalisierung von Menschen mit Migrationshintergrund und dem Schüren von islamfeindlichen Tendenzen, werden politisch und medial Gruppen markiert, die zu beargwöhnende und auszugrenzende Ziele darstellen. Mit ihnen als Feindbildern wird auch für Benachteiligte der Mehrheitsbevölkerung eine vermeintliche Gruppenzugehörigkeit – die als ‚Deutsche' – fühlbar gemacht, die ihnen sonst gesellschaftlich nicht zugestanden wird. Vorab wurden Möglichkeiten von Solidarisierung über die öffentliche Meinungsbildung beschränkt; nun wird die Möglichkeit gegeben, durch die Konstruktion einer (anderen) ausgegrenzten Gruppe ein (gelenktes) Gemeinschaftsgefühl aufzubauen. Dabei werden von politischer wie medialer

Seite Diversität sowie die erschwerten Lebensbedingungen – unabhängig von ethnischer Herkunft – in allen unteren sozialen Milieus und Schichten (vgl. Wippermann und Flaig 2009, S.3) verschwiegen; vielmehr werden in öffentlichen Äußerungen ethnische Minderheiten als homogene Gruppen dargestellt und ausgegrenzt, teilweise mit biologistischen Argumentationsmustern und Verknüpfungen von Religionszugehörigkeit und Genetik (vgl. Sarrazin 2010, S.255-330) oder unter Berufung auf andere Gruppen, mit denen sich Deutschland vermeintlich verbundener fühle. Dass Horst Seehofer bei seiner Proklamation von „christlich-jüdischen Wurzeln" (vgl. Süddeutsche.de 2010) ohne erkennbare Sensibilität für die Besonderheiten der jüdisch-deutschen Geschichte oder aktuell vorhandene antisemitische Strömungen in Teilen der Gesellschaft jüdische Menschen zum Zweck der Grenzziehung gegenüber Menschen muslimischen Bekenntnisses instrumentalisierte, zeigt das Bestreben, Gemeinsamkeiten mit Letzteren zu negieren und Fremdes zu betonen bzw. erst zu kreieren.
Wenn ihnen gegenüber „in islamfeindlichen Einstellungen religiöse, kulturalistische, rassistische und sozial-ökonomische Argumentationsmuster" (Heitmeyer, Zick et al. 2010) einfließen sowie materiell Schwachen in Generalverdächtigungen unterstellt wird, selbst schuld an ihren Lebensumständen zu sein und finanzielle Hilfen für falsche Zwecke zu verwenden (vgl. Hartmann 2012, S.26 und Butterwegge 2012, S.194), werden gesellschaftliche Probleme auf eben die Menschen individualisiert bzw. auf die Gruppen bezogen, die am meisten unter ihnen leiden. Mit ihrer Beteiligung daran wiegen sich Nicht-Ausgegrenzte in Sicherheit, wenn sie sich nach gängiger Vorstellung keiner Schuld bewusst bzw. wenn sie der vermeintlich ‚richtigen' ethnischen Gruppe/ Religion zugehörig sind. Hier wird für „ureigenste Subjektivität [ge]halten, was in Wahrheit Produkt disziplinierender und normalisierender Macht ist." (Fink-Eitel 2002, S.79). Vor diesem Hintergrund kann die Diskriminierung sozial benachteiligter Gruppen auch als Akt der gesellschaftlichen Selbstpositionierung seitens (noch) Nicht-Ausgegrenzter verstanden werden; ebenso erklärt sich die Identifikation der Mittelschicht mit der „Wirtschaftselite". (Hartmann 2012, S.35).
Wo in einer Demokratie eine Aufgabe von öffentlichen Medien eigentlich wäre, kritisch Bericht zu erstatten, verstärken sie die Ausgrenzung nicht-etablierter Gruppen, indem sie von politischer Seite vorgegebene Bilder unkritisch verwenden und sogar eigene hinzufügen. Diese Ausgrenzungen dienen etablierten Gruppen mit dem größten ökonomischen Kapital (vgl. Schwingel 2003, S.88), die ihrerseits die meisten öffentlichen Medien besitzen, sie als Sprachorgane eigener Interessen verwenden und somit Sprachnormen vorgeben können. (vgl. Weber 2001, S.40). Ausgegrenzte Individuen haben kaum die Möglichkeit, sich dagegen zu wehren, da hier gesellschaftliches Bühnenbild und restliches Ensemble über unverhältnismäßig mehr Ressourcen und Kapital (vgl. Goffman 2003,

S.25 und S.75 und Schwingel 2003, S.88-94) verfügen. Politiker und Politikerinnen hingegen zeigen sich weniger als Volksvertretende denn als Vertretende primär von Etablierten, die ihren Einfluss mit deren Hilfe noch ausweiten und gleichsam in einer machtverstärkende Spiralbewegung weiterhin Sprachnormen zu ihren eigenen Gunsten vorgeben können. (vgl. Weber 2001, S.40). Da Ausgegrenzte füreinander und für andere soziale Gruppen als Feindbilder aufgestellt und so gegeneinander ausgespielt werden, ist der öffentliche Dialog über tatsächliche gesellschaftliche Probleme auf einen vorgegebenen und damit weitestgehend kontrollierbaren Nebenschauplatz ausgelagert. Angehörige nicht-privilegierter sozialer Gruppen sind als Subjekte von Machtbeziehungen in Komplizenschaft der eigenen Ausnutzung sowie gegenseitiger Ausgrenzung aktiv – bis hin zum Verlust der Bereitschaft, demokratische Werte wie Minderheitenschutz und Rechtsgleichheit aller Menschen zu tragen. (vgl. Hartmann 2012, S.32).

Gesellschaftlich Privilegierten gelingt es mithilfe von Deutungsmustern einer separierenden Logik, welche durch öffentliche Sprache verbreitet werden, sogar, offen Etabliertenvorrechte einzufordern. (vgl. ebd., S.30). Obwohl Etabliertenvorrechte nicht-etablierte Gruppen voraussetzen, die an gesellschaftlichen Errungenschaften nicht teilhaben dürfen, ziehen Forderungen danach keine öffentlichen Proteste nach sich. Tatsächlich gibt es Bestrebungen, die Wahrnehmung von sozialer Ungleichheit und ihrer Bedrohlichkeit für eine Mehrheit der Bevölkerung im Keim zu ersticken, wie es etwa bei den Änderungen im Armuts- und Reichtumsbericht 2012/ 2013 ersichtlich wird. (vgl. Öchsner 2012). Bei dem Versuch, die ungleiche Verteilung von Vermögen und Einkommen als Grund der Verletzung des Gerechtigkeitsempfindens und als mögliche Gefährdung des gesellschaftlichen Zusammenhaltes unkenntlich zu machen (vgl. ebd.), fürchten etablierte Gruppen offenbar um den Verlust ihrer Privilegien. Würden die oben genannten Folgen ins gesellschaftliche Bewusstsein dringen, könnten Forderungen nach gerechterer Verteilung ökonomischer Ressourcen laut werden.

Wo hingegen finanziell Benachteiligten jegliche intrinsische Motivation zu arbeiten abgesprochen wird, treffen extrinsische Motivation als Machtausdruck und Einschüchterung auch nicht-etabliere Gruppen, die sich in finanziell sichereren Verhältnissen befinden: Angesichts der Angst, selbst zu verarmen, sind sie in der Erwerbsarbeit erpressbar und damit eher bereit, Verschärfungen hinzunehmen, wie sie sich etwa in höherer Arbeitsdichte oder (unbezahlten) Überstunden zeigen. Sowohl Erwerbstätige als auch Nicht-Erwerbstätige erleben, die einen durch Erpressbarkeit, die anderen durch massiv erschwerte Lebensbedingungen als lebende Mahnung an andere, die „politische Besetzung des Körpers" im Rahmen der „politische[n] Ökonomie des Körpers" (Foucault 1994, S.37), wobei die „der Macht eigene Verhältnisweise" durch lenkend einwirkendes Regieren (vgl. Foucault 1999, S.193) zutage tritt: Die Subjekte der Machtbeziehung überwachen einander und sich selbst. Dies ist nicht in ihrem eigenen Interesse, sondern in dem etablierter Gruppen. Die von diesen initiierte Ökonomisierung, von der Etablierte am meisten profitieren, führt zu einer Abwertung elementar wichtiger, ökonomisch aber nicht direkt verwertbarer Lebensbereiche sowie der in ihnen tätigen Menschen (vgl. Hartmann 2012, S.32f.), damit zu sozialer Spaltung und zu Ängsten. Verwertbarkeit für die Erwerbsarbeit erscheint als ideologischer Anspruch, angesichts dessen Kinderarmut bzw. Armut von Menschen, die ökonomischer Verwertung nicht in vollem Maße zur Verfügung stehen (vgl. Butterwegge 2012, S.91 und S.185), trotz des materiellen Wohlstands, den Deutschland im internationalen Vergleich genießt, logische Konsequenzen darstellen.

So scheinen mit den öffentlichen Darstellungen von benachteiligten sozialen Gruppen potentiell demokratiegefährdende Prozesse aufgrund ökonomischer Interessen privilegierter Gruppen in Gang gesetzt; die Nutznießenden der sozialen Machtverhältnisse brauchen hingegen nicht zu fürchten, dass am gesellschaftlichen System Veränderungen vorgenommen werden, die eine Verringerung ihrer Einflussmöglichkeiten oder ihres ökonomischen Kapitals zur Folge hätten.

## 7 Bildungswissenschaftliche Schlussbetrachtungen und Ausblick

Es erstaunt, dass die Veränderungen der ÖNORM A 1080 und der Grundordnung der Universität Leipzig jetzt und nicht etwa in den 1970er oder 1980er Jahren vorgenommen wurden. Möglicherweise weist dies darauf hin, dass erst aktuell die Schaffung, Festigung und auch die Bedrohung von gesellschaftlichen Machtpositionen durch Sprachhandeln als solche wahrgenommen werden. Es kann von einem Zusammenhang mit dem Vordringen gendergerechter Sprachformen ausgegangen werden, das in beiden Fällen als Provokation erlebt wurde: von den Verfassenden der ÖNORM offensichtlich; die Grundordnung der Universität Leipzig wurde erst nach einer Beschwerde über die vermeintlich schwere Lesbarkeit einer gendergerechten Schreibweise überarbeitet.

Während Luise Pusch 1990 konstatiert, die „Doppelform", also Doppelnennungen sowohl von Männern als auch Frauen, würden „als so umständlich empfunden, daß die Mehrheit ihr langfristig kaum Chancen einräumt" (Pusch 1990, S.94), lässt sich 25 Jahre später feststellen, dass diese Form eine neben dem generischen Maskulinum etablierte ist und dass sie zum einen im Rahmen gesellschaftlicher Sensibilisierung Vorzug und sogar gesetzliche Vorschrift findet, wie etwa im § 4 des Landesgleichstellungsgesetzes NRW. (vgl. Abb.2). Zum anderen wird sie aktuell bereits ihrerseits als nicht ausreichend gendergerecht kritisiert, da sie nur weibliche und männliche Identitäten nennt. Die Akzeptanz von Sprachformen, die sich um Sprachgerechtigkeit bemühen, scheint also Gewöhnungsprozessen unterworfen zu sein.

> „Gesetze und andere Rechtsvorschriften sollen sprachlich der Gleichstellung von Frauen und Männern Rechnung tragen. Im dienstlichen Schriftverkehr ist auf die sprachliche Gleichbehandlung von Frauen und Männern zu achten. In Vordrucken sind geschlechtsneutrale Personenbezeichnungen zu verwenden. Sofern diese nicht gefunden werden können, sind die weibliche und die männliche Sprachform zu verwenden."

Abb.2: § 4 Landesgleichstellungsgesetz NRW. (Ministerium für Inneres und Kommunales des Landes Nordrhein-Westfalen 2014).

Vor diesem Hintergrund erscheinen die Normierungen der ÖNORM A 1080 und der Grundordnung der Universität Leipzig als zwar bedrohliche, aber möglicherweise notwendige Teilstücke gesellschaftlicher Bewusstwerdungsprozesse. Sind diese in Gang gesetzt, kann Bewusstwerdung noch weiter gehen, wie in den Forderungen zu antidiskriminierender Sprache, die z.B. auch behinderte Menschen nennen will. (vgl. Kap.2.3).

Die teilweise unstrukturierte und nicht bzw. schwer in Normen fassbare aktuelle (kreative) Fülle an Sprachversionen (vgl. ebd.), kann als Chaos verstanden werden, aber auch als Ausdruck einer sprachlichen Umbruchszeit, einer gesellschaftlichen Experimentierphase, die einen gesamtgesellschaftlichen Wandel widerspiegelt. Dennoch wird der chaotische Aspekt ertragen werden müssen; ob temporär oder dauerhaft, wird sich zeigen. Prinzipiell erscheinen alle Versuche, gendergerechte Sprache verbindlich zu normieren, als heikel, solange keine einheitlichen Formen Konsens sind, die wirklich alle Identitäten ansprechen und ausdrücken können. Möglicherweise wird eine Fülle von Alternativen im Sprachalltag erhalten bleiben, die bei positiver Betrachtung auch als Spiegelung gesellschaftlicher Vielfalt angesehen werden könnten.

Da eine jeweilige Nennung aller denkbaren Geschlechtsidentitäten nicht realisierbar ist und immer das Risiko einer vergessenen Identität enthalten würde, ist wahrscheinlich, dass die Strategie des Sichtbarmachens von Geschlecht durch Aufzeigung der Vielfalt der Geschlechter langfristig der sprachlichen Neutralisierung von Geschlecht weichen wird. Sprachformvarianten wie x-Form und *-Form I (vgl. Abb.1) folgen diesem Gedanken, provozieren mit formaler Irritation aber möglicherweise zu sehr, um breite Akzeptanz zu finden. Möglicherweise ist aber auch dies Gewöhnungsprozessen unterworfen.

Eventuell könnte sich eine Kombination von generischem Neutrum und Partizipalformen durchsetzen, wobei beide aber eine Neudefinition erfahren müssten: Dem generischen Neutrum, das im aktuellen allgemeinen Sprachgebrauch noch quasi keine Rolle spielt, müsste Akzeptanz als ‚genus commune' zugestanden werden, obwohl eine Geschlechtszugehörigkeit Gemeinter nicht erkennbar ist, was geschlechtsseparierende Sprachgewohnheiten herausfordern würde. Statt in

Texten im Singular ‚die Lehrerin/ der Lehrer' ‚das Lehrende' zu verwenden, scheint (noch) weit von Sprachakzeptanz entfernt zu sein. Und die Textbedeutung von Partizipalformen müsste formal erweitert werden: Wo in der tätigkeitsbezogenen Bedeutung z.B. ‚Studierende' nur im Tun des aktiven Studierens gemeint sind, also etwa in der Aktivität in Vorlesungen oder Lerngruppen, müsste, analog zu Begriffen wie ‚Schülerinnen' und ‚Schüler', eine tätigkeitsunabhängige Gruppendefinition erfolgen. Das wiederum scheint im realen Sprachgebrauch bereits ganz unkompliziert zu funktionieren.

Wo öffentlich verwendete Sprache der Ausgrenzung sozialer Gruppen dient, wird Demokratieverlust vorangetrieben, der dauerhaft zur Erschwerung der Lebensbedingungen breiter Teile der Gesellschaft führt. Zudem ist durch die Akzeptanz und Bekämpfung von kreierten Feindbildern der sozialer Frieden in Gemeinschaften bedroht. Statt wirklicher Teilhabe an allen Prozessen und Erträgen unserer Gesellschaft für alle ihre Mitglieder, die eine Synergie der Talente und Kräfte ermöglichen würde, sind wachsende Teile der Gesellschaft von ihnen abgeschnitten. Diese erkennbare abwärtsgerichtete Spirale gilt es zu durchbrechen, wenn Prekarisierung und Eskalationen verhindert werden sollen.

Dafür ist es notwendig, dass die Mehrheit der Bevölkerung sich nicht mehr zu entsolidarisierenden Prozessen gegenüber Ausgegrenzten verführen lässt, die eigene Identifikation mit etablierten Gruppen aufgibt, sich der vollständigen Ökonomisierung verweigert und der Politik gegenüber als Souverän auftritt. Dies setzt Bewusstwerdung voraus. Da aber etablierte Gruppen den Informationsfluss der meisten öffentlichen Medien lenken, bleibt nur Bewusstwerdung über andere Wege.

In Zeiten des Internets und dortiger ‚sozialer Netzwerke' sind bereits Möglichkeiten gefunden, die aber größere gesellschaftliche Akzeptanz sowie eine entkommerzialisierende Überarbeitung erfahren und einen Datenschutz gewährleisten müssten, der diese Bezeichnung verdient.

Durch die entstehende Konkurrenz hätten sie vermutlich auch positive Auswirkungen auf herkömmliche Medien, womit auch Menschen erreicht werden könnten, in deren Alltag digitale Medien nicht verwurzelt sind. Online vernetzte und informierende Nichtregierungsorganisationen und kritischer, über Crowdfunding (Schwarmfinanzerung) finanzierter Journalismus sind Beispiele für Möglichkeiten, die Informationshoheit etablierter Gruppen zu durchbrechen, obwohl es auch innerhalb der klassischen Berichterstattung kritische Quellen gibt. So scheint es möglich, dass sich die gesellschaftlichen Macht/Wissen-Beziehungen dahingehend verändert haben, dass ein gesellschaftlicher Wandel hin zu einer solidarischen Demokratie keine Utopie bleiben muss. Aber er muss sowohl von Gruppen wie von Einzelnen getragen werden. Dafür scheint es unerlässlich, dass die Selbstzentriertheit, aufgrund derer sie überhaupt gegeneinander aufgebracht werden können, zugunsten einer gemeinwohlorientierten Haltung aufgegeben wird. Letztendlich dient auch dies dem Selbstschutz.

Öffentlich verwendete Sprache erscheint als unabdingbar für die Entwicklung gesellschaftlicher Prozesse. Wenn diese zu gemeinschaftlichem Nutzen sein sollen, ist es insbesondere in der Öffentlichkeit wichtig, sprachlich sensibel zu formulieren und zu hinterfragen. Da es dafür notwendig ist, Machtinteressen, Ausgrenzungsstrategien und Abhängigkeiten bewusst zu halten, auch die eigenen, könnte öffentliche Sprache dazu beitragen, einen positiven gesellschaftlichen Wandel hin zu größerer Bewusstheit sozialer Beziehungen und Prozesse sowie zu größerer sozialer Gerechtigkeit mitzugestalten. Da Sprache sowohl inkorporiertes kulturelles Kapital als auch Bestandteil von Machtverhältnissen ist, sind aber in jedem Fall heftige Kontroversen zu erwarten, wo es über angestrebte Veränderungen keinen Konsens gibt – was in gesellschaftlicher Vielfalt und Vielzahl den Normalzustand darstellen dürfte. Eine offen dialogische Struktur und die transparente Darlegung eigener Motive wären wünschenswerte Grundlagen von zielführenden öffentlichen Debatten. In jedem Fall sollte den Beteiligten bewusst sein, dass öffentliche sprachliche Äußerungen immer soziale und Machtaspekte enthalten, die es zu berücksichtigen gilt.

An dieser Stelle bieten sich Möglichkeiten weiterführender Untersuchungen, um genauere Kenntnisse der Auswirkungen von öffentlichen Sprachhandlungen zu gewinnen: etwa die Erforschung, wie abwertende politische und mediale Äußerungen persönlich auf Betroffene wirken und in welchen Umfang und auf welche Art sich welche sozialen Gruppen daran beteiligen; oder die detaillierte Erforschung der Zusammenhänge von sozialen Verschärfungen und materiellem Profit für etablierte Gruppen. Genauere Kenntnisse darüber könnten das Potenzial haben, die entsolidarisierende Wirkung der dargestellten öffentlichen Sprachhandlungen zur Abwertung von Gesellschaftsgruppen zu relativieren und damit kollektive demokratische Handlungsfähigkeit zu ermöglichen.

In jedem Fall aber werden wir als Individuen und als Gesellschaft neu formulieren und denken lernen müssen, wenn wir ein vollständiges Auseinanderbrechen sozialen Zusammenhalts verhindern und positive Veränderungen erleben wollen. Eine neue Sprache ist dafür unerlässlich.

# Literatur- und Quellenverzeichnis

**Literatur:**

Austin, John L.: Zur Theorie der Sprechakte. Stuttgart : Philipp Reclam jun. GmbH & Co. 1989.

Bourdieu, Pierre: Was heißt sprechen? Zur Ökonomie des sprachliches Tausches. 2., erweiterte und überarbeitete Auflage, Wien: Braumüller 2005.

Brockhaus Enzyklopädie in 30 Bänden: Bd. 26 SPOT-TALA. 21., völlig neu bearbeitete Auflage, Mannheim: Brockhaus Verlag 2006.

Bundesministerium für Wirtschaft und Arbeit: Vorrang für die Anständigen – gegen Missbrauch, „Abzocke" und Selbstbedienung im Sozialstaat. Berlin: Bundesministerium für Wirtschaft und Arbeit 2005.

Butler, Judith: Das Unbehagen der Geschlechter. 16. Auflage, Berlin: Suhrkamp Verlag 1991.

Butler, Judith: Kritik der ethischen Gewalt. Frankfurt a.M.: Suhrkamp Verlag 2003.

Butterwegge, Christoph: Armut in einem reichen Land. 3., aktualisierte Auflage, Frankfurt: Campus Verlag 2012.

Damm, Anna; Hanauer Esther; Hayn, Evelyn; Keller, Helen; Dahl, Izabela A.; Aleksander, Karin; Hornscheidt, Lann; Sonja Weeber (2014): Was tun? Sprachhandeln – aber wie? W-ortungen statt Tatenlosigkeit. Berlin: Humboldt-Universität zu Berlin 2014.

Elwert, Georg: Nationalismus und Ethnizität. Über die Bildung von Wir-Gruppen. In: Kölner Zeitschrift für Soziologie und Sozialpsychologie (41) 1989.

Engel, Silke; Dobbin, Julia: Interkulturelle kommunikative Kompetenz. (Kursnr. 03816, KE 9). Hagen: Fernuniversität in Hagen 2007.

Fink-Eitel, Hinrich: Michel Foucault zur Einführung. 4. Auflage, Hamburg: Junus Verlag 2002.

Foroutan, Naika; Schäfer, Isabel: Hybride Identitäten muslimischer Migranten. In: APUZ – Aus Politik und Gesellschaft. Lebenswelten von Migrantinnen und Migranten. Jg. 5 / 2009, S.11-18.

Foucault, Michel: Botschaften der Macht. Reader Diskurs und Medien. Stuttgart: Deutsche Verlagsanstalt 1999.

Foucault, Michel : Subjekt und Macht. In: Defert, Daniel; Ewald, François; Foucault, Michel; Ansén, Reiner (Hrsg.): Analytik der Macht. 5.Auflage, Frankfurt am Main: Suhrkamp Verlag 2005.

Foucault, Michel: Überwachen und Strafen. Die Geburt des Gefängnisses. Frankfurt a.M.: Suhrkamp Taschenbuch Verlag 1994.

Goffman, Erving: Wir alle spielen Theater. Die Selbstdarstellung im Alltag. München: Piper Verlag 2003.

Hansen, Georg: Ethnische Minderheiten in der Bundesrepublik Deutschland. Ein Lexikon. In: Schmalz-Jacobsen, Cornelia; Hansen, Georg (Hrsg.). Redaktionelle Bearbeitung Rita Polm. München: C.H. Beck Verlag 1995.

Hansen, Georg: Materialien zu „Nation". (Kursnr. 03816, KE 5). Hagen: Fernuniversität in Hagen 2007.

Heckmann, Friedrich: Ethnische Minderheiten, Volk und Nation: Soziologie inter-ethnischer Beziehungen. Stuttgart: Lucius & Lucius Verlag 1992.

Isenberg, Bo: Die kritischen Bemerkungen von Jürgen Habermas zu Michel Foucault. In: Deutsche Zeitschrift für Philosophie Jg. 39/ 1991, Heft 12, S.1386–1399.

Pusch, Luise: Alle Menschen werden Schwestern. 5. Auflage, Frankfurt a.M.: Suhrkamp Verlag 1990.

Pusch, Luise: Das Deutsche als Männersprache. Aufsätze und Glossen zur feministischen Linguistik. 13. Auflage, Frankfurt a.M.: Suhrkamp Verlag 1984.

Sazzarin, Thilo: Deutschland schafft sich ab. Wie wir unser Land aufs Spiel setzen. München: Deutsche Verlags-Anstalt 2010.

Schwingel, Markus: Pierre Bourdieu zur Einführung. 4., verb. Auflage, Dresden: Junius Verlag 2003.

Wippermann, Carsten; Flaig, Berthold Bodo: Lebenswelten von Migrantinnen und Migranten. In: APUZ – Aus Politik und Gesellschaft. Lebenswelten von Migrantinnen und Migranten. Jg. 5 / 2009, S.3-11.

**Internetquellen**:

Antidiskriminierungsstelle Steiermark (2014): ÖNORM A 1080. Stellungnahme zum Entwurf für die „Richtlinien zur Textgestaltung" der Austria Standards. 31.03.2014. URL: http://www.antidiskriminierungsstelle.steiermark.at/cms/beitrag/11998172/107064533 - Download vom 26.07.2014.

Austrian Standards Institute (2014 a): ÖNORM. URL: https://www.austrian-standards.at/infopedia-themencenter/infopedia-artikel/oenorm/ - Download vom 26.07.2014.

Austrian Standards Institute (2014 b): ÖNORMEN & nationale Regelwerke. URL: https://www.austrian-standards.at/produkte-leistungen/oenormen-nationale-regelwerke/ - Download vom 26.07.2014.

Austrian Standards Institute (2014 c): ÖNORM A 1080. Entwurf Richtlinien für die Textgestaltung. 15.02.2014. URL: https://www.austrian-standards.at/fileadmin/user/bilder/content-infopedia/Entwurf_OENORM_A_1080_2014-02-15.pdf - Download vom 26.07.2014.

Austrian Standards Institute (2014 d): Austrian Standards distanziert sich von Aussagen der Komitee-Vorsitzenden. 20.03.2014. URL: https://www.austrian-standards.at/de/presse/meldung/austrian-standards-distanziert-sich-von-aussagen-der-komitee-vorsitzenden/ - Download vom 26.07.2014.

Fußwinkel, Heidrun (2009): Geschlechtergerechte Sprache. Empfehlungen der Gleichstellungsbeauftragten der Universität zu Köln. 07.2009. URL: http://www.fh-dortmund.de/de/hs/orgGrem/beauftr/gb/medien/GeschlechterfaireSprache.pdf - Download vom 10.12.2013.

Gäckle, Annalene (2014 a): Gleichstellung an der Universität. Gendersensible Sprache. 21.01.2014. URL:http://www.gb.uni-koeln.de/gleichstellung_an_der_universitaet/gendersensible_sprache/index_ger.html - Download vom 30.01.2014.

Gäckle, Annalene (2014 b): ÜberzeuGENDERe Sprache. Leitfaden für eine geschlechtersensible und inklusive Sprache. URL:http://www.google.de/url?sa=t&rct=j&q=&esrc=s&source=web&cd=2&ved=0CCgQFjAB&url=http%3A%2F%2Fwww.gb.uni-koeln.de%2Fe2106%2Fe2113%2Fe5726%2F2014_Leitfaden_UeberzeuGENDEReSprache_11032014_ger.pdf&ei=PFZOVML6CYfvOZ6cgfAP&usg=AFQjCNHeXDX6Pn2R2gvKtaXKcsIKB98sLQ&bvm=bv.77880786,d.ZWU&cad=rja - Download vom 28.10.2014.

Glander, Annelies; Kubelik Tomas; Pohl, Heinz-Dieter (2014): Offener Brief zum Thema „Sprachliche Gleichbehandlung". URL: http://diepresse.com/files/pdf/Offener_Brief_Heinisch-Hosek_Mitterlehner.pdf - Download vom 26.07.2014.

Heckmann, Carsten (2013): Richtigstellung: Kein „Herr Professorin" an der Universität Leipzig. 06.06.2013. URL: http://www.zv.uni-leipzig.de/service/presse/nachrichten.html?ifab_modus=detail&ifab_id=4994 - Download vom 21.01.2014.

Heitmeyer, Wilhelm; Zick, Andreas; Groß, Eva et al. (2010): Gruppenbezogene Menschenfeindlichkeit. Islamfeindlichkeit. 13.07.2012. URL: http://www.uni-bielefeld.de/ikg/projekte/GMF/Islamfeindlichkeit.html - Download vom 26.08.2014.

Hochschülerinnen- und Hochschülerschaft an der Technischen Universität Graz (2014): Stellungnahme zum Entwurf der ÖNORM A 1080. URL: http://htu.tugraz.at/deine-htu/news/stellungnahme-zum-entwurf-der-oenorm-a-1080/stellungnahme-onorm-a1080.pdf - Download vom 26.07.2014.

Ministerium für Inneres und Kommunales des Landes Nordrhein-Westfalen (2014): Gesetz zur Gleichstellung von Frauen und Männern für das Land Nordrhein-Westfalen. Landesgleichstellungsgesetz. 16.10.2014. URL: https://recht.nrw.de/lmi/owa/br_bes_text?anw_nr=2&gld_nr=2&ugl_nr=2031&bes_id=4847&aufgehoben=N&menu=1#det195831 - Download vom 20.10.2014.

Universität Leipzig (2013): Grundordnung der Universität Leipzig. 06.08.2013. URL: http://www.zv.uni-leipzig.de/fileadmin/user_upload/UniStadt/akademische_angelegenheiten/pdf/Grundordnung_UL_130806.pdf - Download vom 09.12.2013.

Walburg, Christian (2014): Migration und Jugenddelinquenz. Mythen und Zusammen-hänge. Ein Gutachten im Auftrag des Mediendienstes Integration. 07.2014 URL: http://www.uni-bielefeld.de/soz/krimstadt/pdf/Gutachten_Kriminalitaet_Migration_Walburg.pdf - Download vom 09.09.2014.

Weber, Ursula (2001): Sprache und Gesellschaft. Zusammenfassung einer Vorlesung. URL: http://www.phil-fak.uni-duesseldorf.de/fileadmin/Redaktion/Institute/Sozialwissenschaften/BF/Lehre/WiSe0809/VL/8_sprache_und_gesellschaft.pdf - Download vom 30.11.2013.

Widmann, Peter (2006): Vorurteile gegen sozial Schwache und Behinderte. Bundeszentrale für politische Bildung. 13.01.2006. URL: http://www.bpb.de/izpb/9729/vorurteile-gegen-sozial-schwache-und-behinderte?p=all - Download vom 30.08.2014.

**Journalistische Quellen:**

Goettle, Gabriele (2012): Rette sich, wer kann. In: taz.de 27.02.2012. URL: http://www.taz.de/1/archiv/digitaz/artikel/?ressort=ku&dig=2012/02/27/a0113 - Download vom 04.09.2014.

Göttert, Karl-Heinz (2013): Herr Professorin, was denken Sie sich dabei?. In: Die Welt 07.06.2013. URL: http://www.welt.de/kultur/article116920375/Herr-Professorin-was-denken-Sie-sich-dabei.html - Download vom 23.12.2013.

Haerdle, Benjamin (2013): Sprachreform an der Uni Leipzig. Guten Tag, Herr Professorin. In: Spiegel-Online/ Unispiegel 04.06.2013. URL: http://www.spiegel.de/unispiegel/wunderbar/gleichberechtigung-uni-leipzig-nutzt-weibliche-bezeichnungen-a-903530.html - Download vom 23.12.2013.

Hengst, Björn; Volkery, Carsten (2006): Kurt Becks Arbeitslosen-Schelte: „Waschen und rasieren, dann kriegen Sie auch einen Job". In: Spiegel-Online 13.12.2006. URL: http://www.spiegel.de/politik/deutschland/kurt-becks-arbeitslosen-schelte-waschen-und-rasieren-dann-kriegen-sie-auch-einen-job-a-454389.html - Download vom 30.08.2014.

Kreye, Andrian (2013): Streit um „Herr Professorin". Wie man Empörungsventile öffnet. In: Süddeutsche.de 06.06.2013. URL: http://www.sueddeutsche.de/bildung/streit-um-herr-professorin-wie-man-empoerungsventile-oeffnet-1.1689610 - Download vom 23.12.2013.

Neuhold, Clemens (2014): Sprachenstreit. „Welcher Frau hat Binnen-I zu besserem Job verholfen?" In: Wiener Zeitung 19.03.2014. URL: www.wienerzeitung.at/nachrichten/oesterreich/politik/616367_Welcher-Frau-hat-Binnen-I-zu-besserem-Job-verholfen.html - Download vom 09.07.2014.

Öchsner, Thomas (2012): „Bundesregierung schönt Armutsbericht". In: Süddeutsche.de 28.11.2012. URL: http://www.sueddeutsche.de/politik/einkommensverteilung-in-deutschland-bundesregierung-schoent-armutsbericht-1.1535166 - Download vom 09.08.2014.

Oestreich, Heide (2013): Gleichstellungsbeauftragter der Uni Leipzig: „Frauen sollen sichtbarer sein". In: taz.de 09.06.2013. URL: www.taz.de/!117786/ - Download vom 03.01.2014.

Serrao, Marc F. (2013): Sprachreform an der Uni Leipzig. Wir waren nüchtern. In: Süddeutsche.de 05.06.2013. URL:

http://www.sueddeutsche.de/bildung/sprachreform-an-der-uni-leipzig-wir-waren-nuechtern-1.1689465 - Download vom 23.12.2013.

Süddeutsche.de (2010): Integrations-Debatte Merkel: „Multikulti ist absolut gescheitert". Ohne Angabe d. Verfass. In: Süddeutsche.de 16.10.2010. URL:

http://www.sueddeutsche.de/politik/integration-seehofer-sieben-punkte-plan-gegen-zuwanderung-1.1012736 - Download vom 22.09.2014.

Von Hammerstein, Konstantin; Sauga, Michael (2001): Das System ist faul. In: Spiegel-Online 21.05.2001 . URL: http://www.spiegel.de/spiegel/print/d19237398.html - Download vom 09.08.2014.